Antologia Poética

ANNA AKHMÁTOVA

Antologia Poética

Seleção, tradução do russo, apresentação e notas de
LAURO MACHADO COELHO

www.lpm.com.br

Coleção **L&PM** POCKET, vol. 751

Texto de acordo com a nova ortografia.

Este livro foi publicado pela L&PM Editores em formato 14x21cm, em 1991.
Primeira edição na Coleção **L&PM** POCKET: fevereiro de 2009
Esta reimpressão: agosto de 2022

Seleção, tradução, apresentação e notas: Lauro Machado Coelho
Capa: Ivan Pinheiro Machado sobre foto de Anna Akhmátova (RIA Nowosti/ AKG/Latinstock)
Revisão: Lia Cremonese

CIP-Brasil. Catalogação-na-Fonte
Sindicato Nacional dos Editores de livros, RJ

A267a

Akhmatova, Anna Andreevna, 1889-1966
    Antologia poética / Anna Akhmátova; seleção, tradução, apresentação e notas de Lauro Machado Coelho. – Porto Alegre, RS: L&PM, 2022.
    208p. – (L&PM POCKET ; 751)

    Inclui bibliografia
    ISBN 978-85-254-1753-4

    1. Poesia russa. I. Coelho, Lauro Machado. II. Título. III. Série.

08-5614.   CDD: 891.71
                             CDU: 821.161.1

© 2008 by Margarita Novgorodova

Todos os direitos desta edição reservados a L&PM Editores
Rua Comendador Coruja, 314, loja 9 – Floresta – 90220-180
Porto Alegre – RS – Brasil / Fone: 51.3225.5777

PEDIDOS & DEPTO. COMERCIAL: vendas@lpm.com.br
FALE CONOSCO: info@lpm.com.br
www.lpm.com.br

Impresso no Brasil
Inverno de 2022

O mir, poimí! Pievtsôm – vo sniê – otkryty
zakôn zviózdy i fórmula tzviétka.

(Saiba-o, mundo! O poeta – em seus sonhos – descobre
a lei das estrelas e a fórmula da flor.)

Marina Tsvietáieva
14/08/1918

para Rina

Sumário

Apresentação 13
Nota do tradutor 48
Nota à 2ª edição 51
A grafia do russo 52

Noite 54
    Lendo *Hamlet* 54
    O rei de olhos cinzentos 55
    Apertei as mãos sob o xale escuro... 55
    De "Em Tsárskoie Seló" 56
    Canção do último encontro 56
    Como com um canudinho, bebes toda a minha alma. 57
    Ele gostava de três coisas neste mundo: 58
    Foi na lua nova que ele me abandonou, ... 58
Rosário 60
    Sob o ícone, o tapetinho gasto. 60
    Aprendi a viver com simplicidade, com juízo, ... 60
    À noite 61
    Tarde da noite, em minha mesinha, ... 62
    A verdadeira ternura não se confunde 62
    Eu visitei o poeta 63
Revoada branca 64
    Sonho mais raramente com ele, graças a Deus, ... 64
    Tua casinha branca, teu tranqüilo jardim abandonarei. .. 64
    Raramente penso em ti. 65
    Em vez de juízo, experiência, bebida choca 65
    Julho de 1914 66
    Num apelo à cegonha ferida, ... 67
    No umbral da primavera são assim certos dias: ... 68
    Deus não é bom para a safra e os jardineiros. 68
    Por que finges sempre ser 68
    Oração 69

Dentro de cada ser há um segredo 69
Talvez haja em algum lugar vida tranqüila 70
Vinte e um. Noite. Segunda-feira. 70
Não somos bons de despedidas. 71
Foi para isso que te carreguei 71
TANCHAGEM 73
Cançoneta 73
És um apóstata: por uma ilha verde 73
Quando, na angústia do suicídio, ... 74
Eu perguntei ao cuco 75
ANNO DOMINI MCMXXI 76
De "Sonho negro" 76
Não estás mais entre os vivos. 77
MCMXXI 78
Não estou com aqueles que abandonaram a terra 78
Hoje é a festa de Nossa Senhora de Smólensk. 79
Cerca de ferro fundido 79
Béjetsk 80
Este insólito outono ergueu uma alta cúpula: 80
A mulher de Lot 81
JUNCO 83
À Musa 83
Esta cidade, que me foi cara desde a infância, ... 83
De ti escondi meu coração 84
Vorônej 85
Dante 85
A celebração de um alegre aniversário – 86
Separação 87
O último brinde 87
Cleópatra 88
RÉQUIEM: UM CICLO DE POEMAS 89
Réquiem – 1935-1940 89
No lugar de um prefácio 89
Dedicatória 90
Prólogo 90
O veredicto 93
À morte 94
A crucificação 95

Epílogo 96
SÉTIMO LIVRO 99
De "Os mistérios do ofício" 99
Criação 99
À Musa 100
Último poema 101
Epigrama 102
De "O vento da guerra" 102
Juramento 102
O primeiro projétil de longo alcance atinge Leningrado 103
Coragem 103
E nos livros, era sempre a última página 104
Estes teus olhos de lince, Ásia, ... 105
E meu coração já não bate 105
De "As roseiras silvestres florescem" 106
Primeira canção 106
À cidade de Púshkin 108
Música 109
Soneto marinho 109
Canção de despedida 110
Jardim de verão 110
Dois poemas para Aleksandr Blok 111
Terra natal 112
Esboços de Komarôvo 112
Uma pequena página da antigüidade 113
A morte de Sófocles 113
Alexandre em Tebas 114
A última rosa 114
Versos da meia-noite 115
No lugar de uma dedicatória 115
Elegia no umbral da primavera 115
Primeiro aviso 116
Através do espelho 116
Treze versos 117
O chamado 117
Visita noturna 118
E o último 119
No lugar de um epílogo 119

Poemas não-coligidos 120
   Imitado do armênio 120
   Um pouco de geografia 120
   Estrofes 121
   Resposta tardia 121
Fragmentos épicos e dramáticos e poemas longos 123
   Das "Elegias do norte" 123
   Primeira – Pré-história 123
   Terceira 125
   Quarta 126
Poema sem herói – um tríptico 129
   No lugar de um prefácio 129
   Introdução 133
   Primeira parte 134
      O ano de mil novecentos e treze – um conto
      de São Petersburgo 134
      Primeiro capítulo 134
      Do outro lado da praça – Interlúdio 140
      Segundo capítulo 142
      Terceiro capítulo 146
      Quarto e último capítulo 148
      Epílogo 150
   Segunda parte 151
      O outro lado da moeda 151
   Terceira parte 158
      Epílogo 158

Notas 163
Referências 202

Apresentação

*Lauro Machado Coelho**

"Akhmátova tem a sóbria e aristocrática beleza da serenidade", escrevia, em 1962, o poeta chileno Nicanor Parra, em sua apresentação da antologia bilíngüe *Poesía Soviética Rusa* (Ed. Progreso, Moscou). "Sua imagem, com o inseparável xale negro sobre os ombros, associa-se naturalmente à tradicional melancolia da paisagem de Leningrado, com suas imperiais grades de ferro batido e o frio brilho do Nevá, que parecem refletir a clareza clássica de seus versos, onde até a paixão veste o corpete da lógica. Seu tema central é o da alma feminina solitária, que abre caminho para a luz da compreensão e da simpatia. Seu virtuosismo técnico é do tipo que não salta aos olhos, de tal forma suas imagens conseguem ser, ao mesmo tempo, simples e profundas, dizendo tudo com simples alusões. Seus versos distinguem-se por essa capacidade de sugerir os fenômenos 'imperceptíveis', como as lembranças, os sonhos, a imaginação."

Essas palavras evocam bem a personalidade literária e humana de Anna Akhmátova, um dos nomes mais significativos da poesia russa no início do século XX. "Sua vida foi-nos transmitida através de notas autobiográficas, conversas e entrevistas gravadas, cartas e diários de seus contemporâneos e críticas à sua obra", escreve Roberta Reeder, a responsável pela monumental edição integral bilíngüe de seus poemas, lançada pela Zephyr Press, nos Estados Unidos, em 1990. "E, no entanto, de muitas maneiras, Akhmátova permanece um mistério."

"Ela era muito discreta quanto aos acontecimentos de sua vida pessoal", continua Reeder, "e contida em seu

---
* Jornalista, escritor e tradutor.

modo de escrever. Seus poemas freqüentemente mascaram mais do que revelam. Embora muitas vezes inspirados por fatos ou emoções reais, têm uma vida e personalidade próprias. Às vezes, ela assumia a voz de uma personagem com a qual simpatizava para ser capaz de mostrar o que essa personagem sentia em condições pessoais ou históricas particulares. Os poemas não a representam de forma direta necessariamente. Na verdade, Akhmátova sempre advertiu contra o risco de perscrutar seus poemas para ter uma visão de seus pensamentos e sentimentos. Uma vez, alguém lhe disse que a personalidade do autor de prosa reflete-se em tudo o que escreve. 'Com a poesia não é assim', replicou ela. 'Os versos são a melhor armadura, o melhor disfarce. Você não tem de se entregar.'" Esta é a difícil missão destas páginas: tentar perceber, através dos fatos da vida e da extrema riqueza da obra, os principais traços do fugidio perfil dessa grande escritora, que praticou sua arte sob condições práticas extremamente difíceis, conquistando, com sua lição de integridade e força de caráter, o respeito e a admiração de seus contemporâneos.

Seu verdadeiro nome era Anna Andrêievna Gorienko. Filha do oficial aposentado da Marinha mercante Andrêi Gorienko, nasceu em Bolshôi Fontán, um subúrbio de Odessa, em 11 de junho de 1889 (23 de junho de acordo com o calendário gregoriano, só adotado na Rússia após a Revolução). Passou a infância em Pávlovsk e Tsárskoie Seló – "a aldeia do tsar", residência de verão da família imperial –, perto de São Petersburgo, cuja paisagem haveria de marcar profundamente a sua poesia.

A poesia, de resto, foi desde cedo uma presença constante em sua vida. Antes mesmo de aprender a ler, sabia de cor os poemas de Nikolái Niekrássov – cheios de simpatia pelos sofrimentos das classes mais pobres –, que sua mãe, Inna Ierázmovna Stôgova, ativamente ligada a círculos políticos liberais quando solteira, declamava para ela. Muitos dos poemas de Akhmátova refletirão o encantamento com a beleza das paisagens russas e a consciência política das dores alheias, que ela bebeu, com as primeiras letras, nos escritos de Niekrássov. E o modelo de mulher russa de todas as classes, sempre forte diante da opressão, que habita os textos desse poeta, terá muito a ver com a atitude digna que, em sua vida e obra, ela própria assumirá ao longo dos anos.

Seus primeiros poemas foram escritos aos dezesseis anos, no inverno de 1905, em Evpatória, na Criméia, às margens do Mar Negro, para onde Inna Ierázmovna levara as filhas depois de se separar do marido. A Lídia Tchukôvskaia, sua amiga desde os tempos da escola, Anna Andrêievna contaria, mais tarde, por que decidira, desde cedo, adotar um pseudônimo. Ao saber que sua filha publicara alguns poemas, em 1909, na revista literária *Apollon*, o pai, que desaprovava suas veleidades literárias, lhe dissera: "Pelo menos, vê se não envergonha o meu nome!" Diante disso, ela resolvera assinar o sobrenome, de origem tártara, de sua avó. Surgia assim a poeta Anna Akhmátova.

No outono de 1906, Akhmátova inscreveu-se na Fundulêievskaia Guimnázia, de Kíev, para terminar seus estudos. Em seguida, começou o curso de Direito, no Colégio Feminino dessa cidade. Porém, desinteressou-se logo da advocacia, voltando para a capital, onde se matriculou no Curso Superior de História Literária. Nessa época, teve grande influência sobre ela a descoberta de *Kiparíssovy lariéts* (O cofre de ciprestes, 1910), de Innokiénty Ánnienski, poeta cujo estilo, claro e elegante, haveria de impressionar toda uma geração, desejosa de reagir contra as imagens nebulosas e o preciosismo da então predominante Escola Simbolista. As inovações de Ánnienski – imagens com relações mais emocionais do que lógicas, uso de linguagem coloquial, concretude de seu mundo poético e escolha de temas mais típicos do romance psicológico do que da tradição lírica – impressionaram-na muito, deixando sua marca sobre os primeiros poemas que haveria de publicar.

O livro de Ánnienski fora-lhe apresentado por um jovem poeta que conhecera em 1905, em Kíev, e que, desde então, tentava namorá-la. A princípio, apaixonada por outro rapaz, que não lhe dava atenção, Anna Andrêievna rejeitara a corte de Nikolái Gumilióv. Mas a assiduidade com que este lhe demonstrava afeto foi aos poucos vencendo-a e, em carta de 2 de fevereiro de 1907 a seu cunhado Serguêi von Shtein, ela já admitia: "Vou me casar com meu amigo de infância, Kólia Gumilióv. Há três anos que me ama e acho que é meu destino ser sua esposa."

"Nikolái não era bonito, mas tinha certa elegância que não deixava de ser atraente" – assim o descreveu Valiéria Sreniévskaia, amiga de Akhmátova a vida inteira. "Era duro, arrogante e muito inseguro." Era também um homem agitado, presa de constante necessidade de aventura. Viajou para Paris, onde fundou a revista literária *Sirius*, nela publicando, no fim de 1906, um dos primeiros poemas da amada. Na capital francesa, passou por séria crise existencial, escapando por pouco, em 1908, de uma tentativa de suicídio. Depois, o temperamento inquieto levou-o à primeira de uma série de viagens que faria à África.

Em seu retorno à Rússia, eles se casaram, em 25 de abril de 1910, na Igreja de São Nicolau, da localidade ucraniana de Nikolska Slobodka, sem que nenhum dos parentes de Anna Andrêievna, que não previam muito futuro para essa união, comparecesse à cerimônia. "O relacionamento deles", escreveu Sreniévskaia, "era como um duelo secreto – do lado dela, pela afirmação de sua liberdade como mulher; do dele, pelo desejo de não se submeter a qualquer tipo de encantamento e de permanecer independente e poderoso... mas, infelizmente, sem poder algum sobre essa mulher eternamente escorregadia e multifacetada, que se recusava a submeter-se a quem quer que fosse."

A lua-de-mel, eles a passaram em Paris, onde Anna não encontrou muitos pontos de contato com a intelectualidade de vanguarda. Mas fez amizade com Amedeo Modigliani, com quem costumava sentar-se nos bancos do Jardim de Luxemburgo, declamando poemas um para o outro. O retrato dela que Modigliani fez haveria de acompanhá-la a vida inteira, por mais duras que fossem as situações que atravessasse. Porém, o idílio com Nikolái durou pouco: a necessidade compulsiva que tinha Gumilióv de viajar, em busca de experiências novas, deixando-a por largos períodos em Sliepniôvo, perto de Béjetsk, na casa de campo da sogra, solapou desde muito cedo o casamento.

Quando Nikolái estava em São Petersburgo, o casal participava ativamente da vida intelectual da cidade, freqüentando, por exemplo, a "Torre": o apartamento do poeta Viatchesláv Ivánov onde, toda quarta-feira, reunia-se um pequeno cenáculo, diante do qual – como disse o crítico Mark Slônim – ele "oficiava como um sumo-sacerdote e era ouvido como um oráculo". Foi ali que Akhmátova conheceu aquele que seria um de seus mais íntimos amigos, "um rapaz magrinho, com longas pestanas e uma flor do campo na botoeira do casaco": Óssip Emílievitch Mandelshtám, um dos maiores nomes da poesia russa no início do século XX.

Com Mandelshtám, o marido e outros jovens artistas que gravitavam em torno da revista *Apollon* – Serguêi Gorodiétski, Mikhaíl Zenkiévitch, Gueórgui Ivánov, Vladímir Nárbut –, Akhmátova participou da criação de uma corporação, o Tsékh Poétov (Oficina dos Poetas), da qual surgiria o Acmeísmo, um importante movimento de reação ao Simbolismo. Partindo do exemplo de poetas como Ánnienski ou Mikhaíl Kuzmín, que optavam por uma linguagem simples e direta e que renunciavam às válvulas de escape da fuga para o Cristianismo, a antroposofia, o paganismo ou o culto da Beleza, que caracterizavam os simbolistas, os acmeístas reagiam igualmente contra o que consideravam os excessos do Futurismo.

A esses refinados intelectuais petersburgueses repugnavam os temas politizados da escola moscovita de Vladímir Maiakóvski e Velimír Khlébnikov, sua linguagem informal e não raro vulgar, seu experimentalismo radical e seu clima surrealista. Acreditavam que a linguagem possui uma lógica e uma estrutura próprias, que não devem ser arbitrariamente alteradas, e a tratavam com o respeito do artesão por seu material de trabalho. Para eles, a linguagem era uma matéria-prima como outra qualquer e, ao moldar com ela, na Oficina dos Poetas, seus artefatos literários, pretendiam levar em conta as suas qualidades e limitações naturais.

Pregavam a necessidade do retorno ao Realismo, da devolução à palavra poética de sentidos bem claros e delimitados – ao contrário da fluidez de significados e do hermetismo praticado pelos poetas da fase final do Simbolismo –, que fosse capaz de atingir o *acme,* isto é, a própria essência dos objetos ou das situações descritas. "Os acmeístas", escrevia Gorodiétski, "querem aceitar irrevogavelmente este mundo com toda a sua beleza e sua feiúra, seus sons, formas e cores, e pedem da poesia não indefinição, mas clareza, não canção, mas discurso. A palavra tem de ser valorizada não pelo som que tem, mas por seu significado; não por sua música, mas pelo que afirma."

Simbolistas e futuristas, de maneiras diferentes, eram fascinados pela idéia do apocalipse, do caos – de que o mergulho da civilização num frenesi dionisíaco poderia resultar num renascimento ou numa transfiguração. Os acmeístas, ao contrário, empenhavam-se na defesa das tradições culturais. Mandelshtám definia o movimento como "a nostalgia por uma cultura mundial" e dizia: "Não se pode criar uma nova História – essa é mais uma idéia impensável. Não haveria, com isso, continuidade e tradição. Tradição não pode ser imposta ou aprendida. Em sua ausência, o que se tem não é História e sim 'progresso' – o movimento mecânico dos ponteiros de um relógio, não a sagrada sucessão de acontecimentos interligados."

O objetivo e o efeito da Revolução Bolchevique – a essa altura já virtualmente batendo às portas da monarquia – seria o de pôr um fim à História assim compreendida, inaugurando um "milênio de progresso". Os acmeístas não eram "reacionários" no sentido de se oporem às renovações; muito pelo contrário: todos eles viam na justiça social a condição essencial para que a Rússia se soerguesse do declínio em que se encontrava. Mas sentiam que o desenvolvimento do país, em qualquer sentido, não poderia ignorar a tradição histórica e cultural. Estava aí a raiz da situação marginalizada em que ficariam nos tempos pós-revolucionários.

Não eram "cosmopolitas", tampouco: detestavam o nacionalismo romântico em nome do qual os simbolistas – e até mesmo Aleksandr Blok, o maior deles – tendiam a transformar em virtude o traço autodestrutivo da personalidade russa; contudo, por outro lado, acreditavam apaixonadamente em seu país como o herdeiro legítimo de valores ecumênicos que se materializavam em pedra, nas igrejas de Moscou e na arquitetura de São Petersburgo (que Mandelshtám celebrou de modo magistral em seus poemas), ou em palavras, nas obras dos grandes mestres do passado.

No que se refere a seus aspectos formais e de pensamento, portanto, o Acmeísmo traduzia o desejo do retorno a um ideal clássico: agudeza de observação, estilo despojado, tendência à concisão epigramática, a um laconismo que assume caráter de aforismo, e resgate dos valores do passado que possam servir para enriquecer o presente. Mas, ao mesmo tempo, como todos esses poetas escreviam basicamente a respeito de si mesmos, a poesia que praticavam diferia tanto, de um para outro, quanto as suas próprias personalidades – o que significa que, na verdade, não se pode realmente falar de uma Escola Acmeísta da mesma forma que se refere a períodos anteriores.

Plataforma ideal para a discussão das idéias desses jovens artistas, e para a apresentação do resultado de seu trabalho era, nessa época – além das revistas *Apollon* e *Guiperbória*, em que publicavam –, um local para o qual convergia toda a boêmia intelectual petersburguesa. Os membros do Tsekh Poétov eram assíduos freqüentadores do Brodiátchaia Sobáka (Cachorro Perdido), um cabaré literário que ficava na praça Mikhailóvski. Fundado em 31 de dezembro de 1911 por Borís Prônin, ex-assistente do diretor de teatro Vsiévolod Meierhôld, o cabaré possuía um pequeno palco onde, enquanto bebericavam e discutiam os mais rarefeitos assuntos, seus *habitués* podiam assistir a conferências, pequenos espetáculos de teatro ou balé de vanguarda e concertos com peças contemporâneas de autores como Debussy, Ravel, Richard Strauss, Max Reger, Schoenberg, Skriábin, Rakhmáninov, ou de futuristas como Vladímir Rébikov e Arthur Lurié. Ou recitais em que os poetas declamavam suas mais recentes produções para o público – em que, à gente do ramo, misturavam-se os "farmacêuticos": era assim que os artistas designavam desdenhosamente os leigos e curiosos.

Foi no Cachorro Perdido que Akhmátova cruzou, pela primeira vez, com Vladímir Maiakóvski; e esse gigante impulsivo deu-lhe um susto ao agarrar, em suas mãozorras, aquelas mãos esguias e aristocráticas, citando um de seus próprios versos: "*Páltchiki-to, páltchiki-to, Bóje ty mói!*" (Ah, esses dedinhos, esses dedinhos, meu Deus, tu és minha!). Foi lá também que Mandelshtám, interrompendo um dia a declamação estentórea do futurista, gritou-lhe, para a gargalhada geral: "Pára com isso, Maiakóvski! Você não é uma orquestra romena!", referindo-se aos ruidosos conjuntos de música folclórica cigana.

No Cachorro Perdido, Akhmátova teve, em outubro de 1913, durante um recital de poesia em homenagem ao belga Emile Verhaeren, que visitava a capital russa, o primeiro encontro com Blok. Dois meses depois, ela criaria coragem para procurá-lo em sua casa, escrevendo depois um de seus poemas mais célebres: "Iá prishlá k poétu v gostí" (Eu visitei o poeta), que fez muita gente acreditar ter existido um envolvimento amoroso entre os dois. O cabaré fê-la ainda entrar em contato com o assiriologista e poeta bissexto Vladímir Shilêiko – autor do prefácio à tradução do épico babilônio *Gilgamesh*, feita por Gumilióv – que, poucos anos depois, desempenharia um papel muito importante em sua vida.

O ano de 1913 veio, para ela, carregado de significado: véspera do terremoto da Primeira Guerra, significou o fim definitivo do espírito oitocentista e o início do "verdadeiro Século XX". Um episódio desse ano, envolvendo freqüentadores assíduos do cabaré, haveria de marcá-la profundamente. Uma das personagens mais em vista, naquele ambiente boêmio, era sua amiga Olga Glébova-Sudêikina, atriz, bailarina e cantora, esposa do arquiteto Serguêi Sudêikin, que desenhava os cenários para as produções teatrais de Prônin. Loura, linda, inteligente – descrita por Andrêi Biély como "uma borboleta cingalesa que produzia um roçagar de seda numa nuvem de musselina" –, Glébova-Sudêikina despertava paixões furiosas e era cortejada por todos os homens à sua volta.

Um desses desesperançados admiradores era o jovem oficial Vsiévolod Kniázev, poeta amador que tinha sido amante de Mikhaíl Kuzmín, mas que rompera com ele ao descobrir-se enamorado por Olga. Rejeitado, Kniázev suicidou-se, em março de 1913, diante da escadaria de sua casa, após segui-la e descobrir que ela estava em companhia de outro homem – ao que tudo indica, o poeta Aleksandr Blok.

A morte de Kniázev – pela qual, de alguma forma obscura, Akhmátova sentiu-se culpada – traumatizou-a profundamente. Sob a forma de um remorso do passado a ser expurgado, que se associa a todas as leviandades de um tempo inconsciente de estar à beira de sua própria destruição, essa história irá constituir-se, muitos anos depois, no ponto de partida para o *Poema sem herói* – a grande obra da maturidade em que, durante a Segunda Guerra Mundial, Anna olha para trás e faz o balanço desse ano capital em que o mundo, sem o saber, estava à espera de submergir no cataclisma da Primeira Guerra.

Desde o primeiro livro que publicou – *Viétcher* (*Noite*), de 1912 –, percebem-se nos poemas de Akhmátova as qualidades defendidas pelos acmeístas: clareza e perfeição formal, simplicidade, ausência de metáforas, léxico compacto e temática cotidiana. Desde o início, sente-se que ela pertence àquela estirpe de poetas que encontra logo o seu tom pessoal. Nos poemas mais antigos, ainda há traços de influência: os crisântemos e as dálias de Ánnenski, os sachês e as porcelanas de Sèvres de Kuzmín, que foi o entusiástico autor do prefácio ao volume. Mas isso logo desaparece para dar lugar a um tom intimista, de conversação, de um imediatismo sem precedentes em termos de poesia lírica russa. Os versos parecem sair diretamente de um diário, de uma carta; e a emoção é expressa sempre através de um molde rigorosamente clássico, do qual qualquer verbosidade está proscrita. Como em certos poemas de Púshkin, o leitor é atingido menos pelo que é dito do que pelo que deixa de estar lá.

Mais importante ainda: pela primeira vez, na história da literatura russa, é uma típica poesia de mulher. As duas mais famosas poetisas que haviam precedido Akhmátova – a romântica Karolina Pávlova (1807/1893) e a simbolista Zinaída Gíppius (1869/1945) – tentavam competir com os homens em seu próprio terreno, praticando uma arte notável, mas, do ponto de vista formal e temático, de cunho erudito e "masculino". Akhmátova, ao contrário, assume a sua feminilidade e pratica uma poesia que privilegia a análise dos aspectos mais íntimos do comportamento da mulher, de um ângulo de visão inteiramente novo em termos de lírica russa – fazendo com que, no futuro, ela se tornasse uma influência marcante e um ponto de partida obrigatório para mulheres poetas, tanto da geração da guerra – Olga Berggólts, Margarita Alliguér – quanto de anos mais recentes: Bella Akhmadúlina, Novella Matvêieva, Natália Gorbaniêvskaia, Yunna Môritz.

Isso se confirmou com *Tchiótki* (Rosário), de 1914, que a tornou imensamente popular, especialmente junto ao público feminino. É uma lírica de estilo econômico e direto, ora sensual, ora irônico ou melancólico, constituindo o que o poeta Aleksandr Tvardóvski chamou de "romances poéticos em miniatura". A grande força desses poemas vem justamente de sua concisão: Akhmátova escamoteia os dados de exposição, vai direto ao desfecho, reduz seus "minidramas" a um esqueleto essencial, extremamente esparso e eficaz. Na *Piésnia Posliédniei Vstriétchi* (Canção do último encontro), de *Noite,* por exemplo, não há informação alguma sobre a causa do desentendimento entre os amantes; não há sequer a descrição da briga em si. Mas toda a angústia experimentada pela personagem está condensada numa notação extremamente rápida:

> *Iá na právuiu rúku nadiéla*
> *Piertchátku s liêvoi rúku*
> (Coloquei na mão direita
> a luva da mão esquerda).

O tema constante dos poemas de *Rosário* é não só o nascimento do amor e suas alegrias, mas também a infidelidade, a separação e o sofrimento por elas provocado. A busca do consolo no misticismo, na oração, em solitários passeios pelo bosque ou à beira do lago gelado, ou na procura sensual de novos amores. A busca do consolo, principalmente, na criação artística e na reflexão sobre o significado mais profundo dessas experiências emocionais. É isso, justamente, o que confere a essa poesia confessional uma vibração que a projeta para fora do âmbito limitado do simples desabafo pessoal, dando-lhe um caráter universalizante. Um dos primeiros a perceber, nos poemas dessa primeira fase, o embrião da grande poesia que Akhmátova viria a escrever na maturidade foi Aleksandr Blok. E ele o exprimiu em um madrigal que inscreveu, como dedicatória, em um de seus volumes de poesia, quando ela foi visitá-lo em seu apartamento da rua Ofitsérskaia em 15 de dezembro de 1913:

"A beleza é terrível" – te dizem.
Atiras, com gesto indolente,
teu xale espanhol sobre os ombros.
A rosa vermelha está em teus cabelos.

"A beleza é ingênua" – te dizem.
Com teu xale colorido, meio sem jeito,
cobres o teu filhinho.
A rosa vermelha está aos teus pés.

Depois, ouvindo distraída
as palavras que à tua volta ressoam,
pensas nelas, um pouco triste,
e aí dizes a ti mesma:

"Não sou terrível nem ingênua.
Não sou tão terrível que ingenuamente
possa matar; e nem tão ingênua
que não saiba como a vida é terrível."

"Ela trouxe à poesia russa a complexidade e a riqueza da novela russa do século XIX", percebeu claramente Mandelshtám, em sua *Carta sobre a poesia russa*, de 1922. "Não haveria Akhmátova sem *Anna Karênina* e sem *Dvoriánskoie Gniezdó* [*Um ninho de nobres*, o romance de Turguêniev], sem Dostoiévski e sem Lieskóv. A gênese de Akhmátova encontra-se na prosa russa, não na tradição poética. Sua forma poética, agudamente original, desenvolve-se e remonta à prosa da novela psicológica."

Essa é uma descrição bastante acurada: como na tradição novelesca do século passado, Akhmátova, ao fazer o retrato de sua própria emoções, sugere, com notações muito discretas – o movimento de uma cortina branca sobre a janela, o brilho de uma vela entrevisto através da vidraça –, toda uma atmosfera, um estilo de vida, um clima de época. Seus poemas, nessa primeira fase, são a obra de uma mulher forte o suficiente para não iludir a si mesma e de uma artista clarividente, que tem total controle de suas emoções e que, com mão de mestra, traça seu auto-retrato em versos lúcidos e, sobretudo, extremamente sintéticos: "Ela é capaz de condensar todo o destino de um homem em uma estrofe de quatro versos", escreve Nina Shúlguina nas notas biográficas da antologia *Vó viez Gólos* (*A plena voz*, Ed. Progresso, Moscou).

O temperamento forte de ambos fizera com que, embora apaixonado, seu casamento com Gumilióv fosse, desde o início, muito tempestuoso. No poema *Ezbekiê*, de 1917, Nikolái chega a evocar esse relacionamento com termos muito pouco lisonjeiros:

> Eu era, então, torturado por uma mulher,
> e nem o sal nem o frescor da brisa marinha,
> nem o ruído de exóticos mercados,
> nada conseguia consolar-me.

Pedia a Deus que me trouxesse a morte
e estava até mesmo pronto a apressá-la.

E ficou famosa a irônica estrofezinha de *Noite*, escrita em novembro de 1910 – "On liubíl tri viéshtchi na sviétie" (Ele gostava de três coisas neste mundo) –, que resume a incompatibilidade entre seus temperamentos.

Nem as novas viagens que fizeram juntos, à Itália e à Suíça, em abril de 1912, nem o nascimento do filho, Liev Nikoláievitch, em 1º de outubro de 1912, impediram que o casamento gradualmente desmoronasse. Contribuíram muito para a decisão de Akhmátova de separar-se dele, em fevereiro de 1917, as ligações que o marido tivera, primeiro com Larissa Reisner, uma jovem poeta de grande beleza, e depois, em Paris, com a atriz franco-russa Ielena Duboucher. Apesar dessas infidelidades, Gumilióv teve grande dificuldade em aceitar a separação: "Ele acabara de voltar de Paris, depois do malsucedido caso com Ielena, a sua Estrela Azul", escreveu Anna a uma amiga. "Só pensava nela, mas, ainda assim, meu desejo de abandoná-lo o insultava..."

Gumilióv voluntariou-se para ir à frente de batalha; porém, assim que voltou, em agosto de 1918, Anna divorciou-se dele; e, no outono, casou-se com Vladímir Shileiko, que conhecera no Cachorro Perdido. Membro do Colégio do Ermitage para a Preservação dos Monumentos, Shileiko tinha direito a alojamentos na Casa Fontán – o antigo palácio da aristocrática família Sheremiétiev –, para onde levou Akhmátova; e ali ela haveria de morar em várias fases de sua vida.

Não foi tampouco um relacionamento fácil. A princípio, Anna Andrêievna entusiasmou-se pelo trabalho do marido, fascinada pelas traduções que ele fazia de antigos textos assírios e babilônios, extraídos de tabuinhas em escrita cuneiforme. Mas logo sentiu-se oprimida por Vladímir, que também tinha pretensões a ser poeta e, decerto por inveja, opunha-se a que ela continuasse escrevendo. Os tempos difíceis do fim da Guerra Civil e a crise profunda que marcou os tempos da implantação, por Lênin, da Nova Política Econômica (NEP) apressaram a deterioração do casamento. O poeta Anatóli Naiman, que na década de 1960 manteve com Akhmátova relações muito amistosas, conta que ela descrevia seu casamento com Shileiko como "um triste equívoco". Raiva e ressentimento marcam profundamente os poucos poemas – como o ciclo *Tchôrny Son* (*Sonho negro*) – escritos enquanto estavam juntos.

Numa conversa com sua amiga Lídia Tchukôvskaia, relatada pelo crítico Víktor Jirmúnski, disse Akhmátova: "Se tivesse ficado mais tempo com ele, teria esquecido até como se escreve poesia. Era um homem com quem se tornara impossível viver". Contudo, mesmo depois de abandoná-lo, em 1921, para ir passar uns tempos na casa de sua amiga Glébova-Sudêikina, que estava morando com o compositor Luriê, não deixou de encontrá-lo regularmente e de preocupar-se com sua saúde. Na dedicatória que escreveu para ele, no outono de 1922, na página de rosto de seu livro *Biélaia Stáia* (*Revoada branca*), ainda dizia: "Para Vladímir, com amor". E foi quem cuidou carinhosamente de Shilêiko – de quem se divorciara oficialmente em 1928 – em seus últimos dias. Vítima de tuberculose, agravada pela penúria do pós-guerra, o assiriologista morreu precocemente, em Moscou, em agosto de 1929, aos 39 anos.

O final da Guerra Civil demonstrou, com muita clareza, a dificuldade que certos intelectuais, formados no clima cultural predominante na fase final do tsarismo, teriam em adaptar-se às novas realidades, trazidas pela Revolução. Por essa razão, ficaram conhecidos, na historiografia literária dessa fase, como os "poetas estrangeiros" à realidade em que viviam e à qual reagiam de maneira ora olímpica, ora atormentada, às vezes tentando fundir sua voz à do povo, mas com freqüência mantendo-se à margem da vida social. Foi uma geração praticamente imprensada entre um mundo caduco, que desejava ardentemente ver mudado, e um mundo novo, que não correspondia às metamorfoses políticas, sociais e culturais pelas quais esperavam.

Todos os contemporâneos de Akhmátova tiveram um fim trágico: Marina Tsvietáieva, que não resistira ao exílio no Ocidente, voltou à União Soviética para suicidar-se, em Ielabuga, na Tartária, em 1941; Óssip Mandelshtám passou muitos anos no exílio interno, morrendo em um campo de concentração, em circunstâncias obscuras, em 1938; Nikolái Zabolótski também esteve preso entre 1937 e 1947, e Daniíl Kharms, que com ele criara o iconoclasta grupo Oberiu, desapareceu em um campo de concentração; Borís Pasternák passou o fim da vida em terrível isolamento, após o episódio da publicação do *Dr. Jivago* no Ocidente (Milão, 1957). Mesmo escritores que tinham aderido à Revolução, acreditando poder estendê-la também à vida cultural, tiveram um fim trágico. Blok morreu em 1921, exausto e desiludido, sentindo-se – como ele próprio disse a Akhmátova – como "um cadáver que escreve poesia". Serguêi Essiênin (1925) e Maiakóvski (1930) suicidaram-se, igualmente desiludidos. Isaac Bábel, Borís Pilniák, Vladímir Nárbut, todos eles desapareceram durante os expurgos da década de 1930. Mas, antes deles todos, já tinha partido Nikolái Gumilióv.

Acusado, sem que houvesse qualquer comprovação oficial, de participar da conspiração antibolchevique de Tagántsev, o primeiro marido de Akhmátova foi preso e sumariamente executado em 25 de agosto de 1921. Somente nove anos depois, Anna descobriria o local onde ele tinha sido enterrado, à beira da estrada Irinínskaia, perto da aldeia de Berngárdovka: "Descobri e fui lá", contou ela a Lídia Tchukôvskaia. "Arbustos, um pinheirinho retorcido; junto a ele, um outro, mais poderoso, mas com as raízes à mostra. Era aquele o muro. A terra afundava, desmoronava, porque as covas não tinham sido bem tapadas. Poços. Dois poços fraternais para sessenta pessoas."

A morte do pai de Liev afetou profundamente Akhmátova. Já houvera substancial mudança de tom em *Biélaia Stáia* (*Revoada branca*), publicado em 1917, reunindo poemas em sua maioria escritos durante a Primeira Guerra. Fugindo à atitude, muito comum nos poetas russos, de encastelar-se em sua torre de marfim diante do sofrimento, ela se tinha projetado intensamente na dor coletiva em poemas como os do ciclo *Julho de 1914*, em que a própria natureza parece espelhar a tragédia que se abateu sobre a nação russa. Nesse livro, ela entrelaça habilmente, ao testemunho sobre a crise atravessada por seu país com a revolução e a guerra, o depoimento pessoal sobre o fim de seu casamento com Gumilióv, as agruras da maternidade e reflexões mais abrangentes sobre as dificuldades da comunicação entre os seres – como em "Iest v blízosti liudiêi zaviétnaia tchertá" (Há, entre seres que estão próximos, uma fronteira sagrada).

Acentua-se, nessa fase, a sua profunda identificação com o legado cultural russo – celebrado num tom que nada tem em comum com o rotineiro diapasão da poesia patriótica oficial. É esse sentimento telúrico de ligação com seu país que sempre a impediu de deixar a União Soviética, mesmo quando enfrentava as piores dificuldades. Quando seu casamento com Gumilióv estava em plena crise, ela desenvolvera sentimentos muito ternos por Borís Anrep, um mosaísta que conhecera na casa de um amigo comum, o crítico Nikolái Niedobrovô.

Nos poemas recolhidos em *Podorójnik* (*Tanchagem*), de 1921 – que reúne textos escritos entre 1917 e 1919 –, ela expressa os sentimentos afetuosos que tinha por Anrep, assim como a indignação com sua atitude de "apóstata", que esquece a beleza das canções, dos ícones e da natureza russos e arrisca-se a perder sua alma ao sentir-se atraído pelo canto de sereia do estrangeiro. Anrep estava entre os intelectuais que, após a Revolução, emigraram para o exterior. Embora continuassem a se corresponder, e ele fosse o objeto de poemas de amor que ela continuou escrevendo, os dois só se reveriam 48 anos depois, em 1965, quando Akhmátova esteve em Paris, durante sua última viagem ao Ocidente.

Não se sabe se Anrep tentou persuadi-la a ir juntar-se a ele. Mas como a própria Akhmátova o expressa em um de seus poemas mais famosos – "Kogdá v toskiê samoubíistva" (Quando na angústia do suicídio), cujo texto, nas edições soviéticas, sempre tem seus oito primeiros versos censurados – ela resistiu às "indignas palavras" da "voz consoladora" que a convidava a abandonar a sua "terra triste e sombria". Esse é também o tom indignado de um outro poema, "Niê s tiêmi iá, kto brosíl ziemliú" (Não estou com aqueles que abandonaram a terra), em que lamenta o destino do exilado, cujo "pão estrangeiro está infestado de vermes".

"Por que Akhmátova nunca saiu da União Soviética?", pergunta o escritor e crítico emigrado Vladímir Veidlé, num artigo publicado na *Russian Review* de janeiro de 1969: "Sempre senti que, para ela, era necessário ficar, embora eu não soubesse explicar por quê. Mas intuía vagamente que era por causa de sua poesia: de todos os seus poemas não-nascidos, e que só poderiam nascer do contato com o povo que morava naquela terra que, até o fim, ela insistia em chamar de Rússia" (e não de União Soviética). Mesmo um crítico como Nikolái Osínski, firmemente comprometido com a Revolução, admitia, em um artigo publicado no *Pravda* em julho de 1922: "Embora se trate de uma pessoa que não participa de nosso modo de vida, ela tem o que é mais importante e mais necessário a um poeta – uma alma honrada e consciência cívica. Se se recusa a ir embora não é por razões revolucionárias, mas nacionalistas." Recusa que se confirmou, em 1924, quando Anna Andrêievna resistiu a todos os convites de Glébova-Sudêikina e Luriê para que os acompanhasse no exílio em Paris.

O mesmo processo se observa, de resto, em um grande contemporâneo de Akhmátova, o compositor Dmitri Dmítrievitch Shostakóvitch, que manteve com ela relações de amizade e de respeito mútuo. Embora perseguido e humilhado pelo regime, Shostakóvitch, cujo prestígio internacional lhe teria permitido fazer carreira brilhante no exterior, sempre se recusou a sair da União Soviética e, em sua música, deu intenso testemunho do que foi viver num dos mais esquizofrênicos regimes totalitários do século XX. A Shostakóvitch pode-se aplicar a mesma pergunta – por que ele não saiu, como Rakhmáninov ou Stravinski? – e dar a mesma resposta: porque a sua arte só teria sentido enraizada em solo russo.

E onde o nacionalismo de Akhmátova assume tom ainda mais lancinante é nos poemas que, em 1922, ela enfeixou em *Anno Domini MCMXXI*. O amor, a perda e a separação continuam a ser os temas predominantes. Porém, o âmbito de significado ampliou-se: agora esses problemas estão inscritos numa perspectiva de preocupação social e de compaixão com a dor alheia. Poemas como "Niê byvát tibiê o jívikh" (Para que não ficasses entre os vivos) ou "Dliá tovô-l tibiá nosíla" (Foi para isso que te carreguei), que *não* se referem a experiências pessoais da própria Akhmátova, fixam o sofrimento dos outros com tal intensidade que a autora parece estar falando de si mesma.

É o momento também em que, percebendo o quanto era difícil dizer as coisas às claras, Akhmátova começa a usar um recurso que se tornará muito freqüente em sua obra: aludir ao mito ou à História como uma forma indireta de se expressar – como em "Lótova Jená" (A mulher de Lot), em que o episódio bíblico da mulher que trocou a própria vida por um último olhar para o passado remete à sua consciência de tudo o que, na fase pós-revolucionária, ela perdeu da Rússia em que nascera e se formara.

Nos poemas escritos após a Primeira Guerra, a precisão técnica, enraizada em tradições clássicas, permanece; o tom elegíaco ainda está presente, mas os delicados sentimentos femininos da primeira fase cederam lugar à clarividente reflexão de uma mulher que, pela força de sua vontade, sobreviveu à dor e à degradação. Uma intelectual comunista como Aleksandra Kollontay reconheceu, num artigo escrito para o *Molodáia Gvárdia* (Jovem Guarda), em 1923: "A poesia de Akhmátova é o romance da alma feminina, a expressão poética da luta de uma mulher escravizada pela sociedade burguesa, que busca sua personalidade humana. Não é alienada; seus versos refletem a alma de uma mulher numa fase de transição, época marcada por uma ruptura na psicologia humana e pela luta mortal entre duas culturas, duas ideologias: a burguesa e a proletária. Akhmátova não se alinha com a ideologia obsoleta; fica ao lado das idéias mais criativas."

   Mas nem todos pensavam assim. O artigo da *Kollontay* suscitou ataques de críticos marxistas ortodoxos, V. Arvátov, P. Vinográdskaia ou G. Leliévitch, que viam em Akhmátova uma relíquia de um passado a ser superado. Bem depressa a sua predileção pelo depoimento pessoal – o individualismo que a doutrina oficial condenava como burguês e negativista – fez com que fosse perseguida. Em 1925, uma resolução do Comitê Central do Partido Comunista proibiu-a de publicar suas obras. E as pressões seriam ainda maiores, na década de 1930, durante a *Iéjovshtchina*, a fase dos expurgos entre intelectuais e políticos, conduzida por Nikolái Iéjov, o chefe da polícia secreta, a NKVD. Nesses anos, Akhmátova escreveu pouquíssimos poemas. Mas não se manteve inativa: dedicou-se à crítica literária e à história da literatura. Entre 1933 e 1936, escreveu brilhantes ensaios sobre seu bem-amado Aleksandr Púshkin que, até hoje, fazem parte da bibliografia básica para o estudo da obra desse grande poeta romântico.

Vladímir Veidlé, que esteve freqüentemente com ela nesses dias, dá-nos interessante depoimento sobre os problemas que enfrentava: "Ela andava sempre doente, muito magra, a pele muito pálida, as mãos emaciadas e secas, os dedos muito longos, encurvados como as garras de uma ave. Vivia num estado de extrema pobreza e vestia-se com simplicidade. Uma vez, mostrou-me uma moeda que uma velha lhe tinha dado, na rua, ao tomá-la por uma mendiga. Mas essa velha devia ser quase cega pois, se a roupa era pobre, o porte e o andar de Akhmátova eram os de uma rainha. Não só o seu rosto, que era belo sem ser exatamente bonito, mas todo o seu aspecto era extraordinário e inesquecível. Ela sabia disso, é claro, e às vezes, na presença de estranhos, mostrava-se um pouquinho afetada. Mas que pessoa direta, gentil e perceptiva quando estava na companhia de seus amigos mais íntimos (...)."

Veidlé acrescenta: "Ela me contou que nunca usava lápis e papel ao elaborar os seus poemas. Trabalhava em cada verso durante muito tempo; porém, só os anotava depois de o poema ter chegado à sua forma final, às vezes até uma ou duas semanas depois de já o ter recitado em público para seus amigos. Dizia que o processo de escrever, de segurar uma caneta na mão, lhe parecia cansativo e, por isso, não gostava de escrever cartas. Sua letra era laboriosa e desajeitada, como acontece com as pessoas que não estão acostumadas a escrever. Lembro-me de que, uma vez, lhe pedi que pusesse dedicatórias em dois livros que me tinha dado. A primeira, ela já fez bem curtinha; quando chegou na segunda, já cansada, limitou-se a assinar seu nome. Era muito típico de sua maneira de ser, essa peculiaridade de memorizar o poema por longo tempo antes de confiá-lo ao papel. Com que atenção ela deve ter ouvido a música interior das palavras, com que modo incorruptivelmente terno deve tê-las carregado consigo, através de sua longa vida, até a morte." As palavras de Veidlé são confirmadas pela assinatura de Akhmátova, um simples A maiúsculo seguido de um ponto.

A essa altura, Anna Andrêievna já estava casada pela terceira vez, com o historiador de arte Nikolái Púnin, que conhecera, no ano anterior, em Tsárskoie Seló, onde se recuperava de mais um acesso da tuberculose – um mal de família que, em 1894, matara sua irmã Irina e, em 1915, a obrigara a passar vários meses em um sanatório em Helsinque. Púnin vinha freqüentemente visitar a amiga de Akhmátova, Nadiéjda, a mulher de Mandelshtám, que também estava se tratando e se hospedara na mesma pensão.

Em 1926, o casal foi morar no apartamento da Casa Fontán. Contudo, naqueles anos de entreguerras, em que a União Soviética vivia uma crise crônica de moradia, tiveram de enfrentar uma situação constrangedora: hospedar, em seus cômodos diminutos, a primeira mulher de Púnin, a Dra. Anna Arens, e sua filha Irina, que não tinham onde ficar. E a privacidade tornou-se ainda menor em 1927, quando Liev também veio morar com eles para cursar História na Universidade de Leningrado. Durante o período em que viveu com Púnin, ela o ajudou intensamente em seu trabalho, traduzindo para ele textos do francês e colaborando na preparação de conferências para o Instituto de História da Arte, sobre Ingres, David e Cézanne. Mas nuvens cada vez mais negras adensavam-se sobre suas cabeças.

A campanha de coletivização forçada imposta por Stálin (1928-1933), a que os camponeses reagiram queimando colheitas e matando o gado – o que provocou uma gigantesca epidemia de fome –, intensificou os expurgos e as deportações. Foi a época em que, como disse Adam Ulam em sua biografia de Stálin, "instalou-se a democracia do medo: tanto o alto funcionário do Politburo quanto o mais humilde dos cidadãos iam para a cama sem saber se aquela seria a noite em que viriam buscá-lo".

Em 13 de maio de 1934, Mandelshtám foi preso devido um poema satírico, em que dizia, de Stálin:

> Os dedos desse assassino de camponeses
> são grossos como salsichões,
> e as palavras caem de seus lábios pesadas como chumbo.
> Seus bigodes de barata vibram,
> e o cano de suas botas é reluzente.
> À sua volta, há um rebanho de líderes
> de pescoço fino, homens pela metade, que o bajulam
> e com quem ele brinca como se fossem animais de estimação.

Anna Andrêievna estava com ele e Nadiéjda, no apartamento da rua Furmánov, em Moscou, quando a NKVD veio buscá-lo a uma hora da manhã. Foram inúteis as suas tentativas, e as de Pasternák, junto às autoridades, para libertá-lo. Aliás, o poeta, que em 1931 já escrevera "Preserve as minhas palavras pelo gosto que elas têm de miséria e fumaça", sabia que sua prisão era uma mera questão de tempo. Em fevereiro de 1934, enquanto passeava com Akhmátova pelo Bulvár Gógol, em Moscou, ele lhe dissera: "Estou pronto para morrer". Em fevereiro de 1936, Akhmátova ainda conseguiu visitar Óssip e Nadiéjda em Vorônej, na Sibéria, para onde eles tinham sido deportados; e, no poema que escreveu então, após evocar a atmosfera festiva e luminosa da cidade, corta bruscamente:

> *A vo kómnatie opálnovo poéta*
> *dijuriát strakh i Múza v svôi tcheriôd,*
> *i nôtch idiôt*
> *kotóraia niê viedáiet rassviéta*
> (Mas no quarto do poeta degredado,
> o medo e a Musa velam em rodízio,
> e cai uma noite
> que não traz esperança de alvorada).

Depois de breve libertação, Mandelshtám foi novamente preso e morreu num campo de concentração em 27 de dezembro de 1938, aos 47 anos, com as faculdades físicas e mentais totalmente destroçadas. Destino pior ainda tiveram o grande diretor de teatro Meyerkhold, espancado na prisão até a morte, e sua mulher, a notável atriz Zinaída Rakh, assassinada por agentes da polícia secreta, dentro de seu apartamento, com 32 punhaladas, inclusive duas nos olhos. Os expurgos iniciados por Iéjov tinham-se agravado furiosamente durante o Grande Terror, desencadeado em dezembro de 1934, em represália pelo assassinato de Serguêi Kírov, secretário-geral do PCUS em Leningrado. Hoje, sabe-se que Kírov foi assassinado a mando de Stálin, temeroso de um prestígio crescente que fazia dele um rival em potencial. Em *Os filhos da rua Arbat*, romance publicado durante a fase de distensão do governo Khrushtchóv, chamada de Degelo, Anatóli Rybakóv assume abertamente a responsabilidade do ditador pela eliminação de Kírov.

De que era acusado Liev Gumilióv, senão de ser o filho de um poeta que, uma década antes, fora fuzilado por uma nebulosa suspeita de conspiração? Em 10 de agosto de 1935, ele foi preso e libertado um mês depois, graças a cartas que Akhmátova e Borís Pasternák escreveram a Stálin. Contudo, em 1938, foi preso de novo e sentenciado a cinco anos na Sibéria, onde fez trabalhos forçados numa mina de cobre. Da mesma maneira, nenhuma acusação formal era apresentada contra Púnin, que foi preso e libertado várias vezes, antes de ser definitivamente embarcado para um campo no final da década de 1940. A própria Akhmátova vivia num estado de pânico permanente, esperando, a cada momento, que chegasse a sua vez. No livro de memórias que escreveu sobre o marido, Nadiéjda Mandelshtám conta que Púnin, homem muito sarcástico, costumava dizer: "Vai ver Stálin está te guardando para a sobremesa". Liev Nikoláievitch foi solto à entrada da União Soviética na Segunda Guerra, para lutar como piloto na Força Aérea. Depois da guerra, permitiram-lhe voltar a Leningrado; porém, em 6 de novembro de 1949, foi novamente encarcerado, só sendo posto em liberdade em maio de 1956, por ordem de Khrushtchóv, durante o Degelo pós-stalinista. Púnin não teve a mesma sorte: enviado para um campo de concentração na Sibéria em 30 de setembro de 1949, ali morreu no início de 1953.

> *Eta jénshtchina bolná,*
> *eta jénshtchina odná,*
> *muj v moguílie, syn v turmiê*
> (Esta mulher está doente,
> esta mulher está sozinha,
> o marido no túmulo, o filho na prisão):

assim Akhmátova se descreve, no poema em que evoca os longos dias em que, na companhia de sua amiga Lídia Tchukôvskaia, fazia fila diante da Kriest, a penitenciária de Leningrado, nos horários de visita aos presos.

Rékviem: tzikl stikhotvoriênii (*Réquiem: um ciclo de poemas*, 1935/1957), durante muito tempo censurado na União Soviética, é um dos mais impressionantes testemunhos literários do sofrimento individual sob a opressão política. Mais do que em qualquer outro de seus poemas, fica patente, nessa obra magistral, como ela consegue efetuar o trânsito entre o imediatismo da experiência individual e a eternidade de um sentimento universal. Do "eu", Akhmátova passa ao mundo exterior; e seus lamentos pelo filho aprisionado, sem nada perder de sua qualidade essencialmente pessoal, transformam-se no grito de dor de todos aqueles que foram oprimidos e degradados durante os anos da tirania stalinista.

Ela teve de se calar quando Mandelshtám foi preso, teve de baixar a cabeça a ataques estúpidos de críticos medíocres, de fazer traduções para sobreviver, de escrever poemas de circunstância louvando Stálin, numa tentativa desesperada de conseguir a libertação do filho ("*Kidálas v nógui palatchú*", confessa no *Réquiem*: "eu me atirei aos pés de teu carrasco"). Mas todas essas humilhações são resgatadas pela grandeza desse ciclo de poemas, em que a dor de todo um povo é transmudada em algo de eterno e universal, pelo próprio paralelo que ela estabelece entre a sua dor individual de mãe e a da Mater Dolorosa, ao pé da cruz em que seu Filho é martirizado, símbolo do sofrimento perene de todas as mães da Humanidade.

"A dor e o sofrimento não eram o que ela mais temia", escreve John Malchunik, citado por Robin Kemball num artigo para a *Russian Review* de julho de 1974: "Tinha muito mais medo de esquecer o que significavam essa dor e esse sofrimento e de trair, assim, não só a si mesma, mas a todas aquelas a quem emprestava a sua voz. Ela foi a cantora do amor e da ternura, mas também da força que se ergue contra o horror, com inabalável integridade". A mesma mulher que, em 1917, já se recusara a deixar a União Soviética proclama na epígrafe do *Réquiem:*

> *Niet, i niê pod tchújdym niebosvódom, (...)*
> *iá bylá togdá s moím naródom,*
> *tam, gdiê môi naród, k niestchástiu, byl.*
> (Não, não foi sob um céu estrangeiro, (...)
> eu estava bem no meio de meu povo,
> lá onde o meu povo em desventura estava.)

Ao conforto do exílio no exterior, preferiu, uma vez mais, o caminho muito mais duro da emigração interna para não ter de se separar da "sua gente". Em 1941, deixou sua bem-amada Leningrado, "essa cidade granítica feita de glória e infortúnio", e foi compulsoriamente removida para o Tashként, no Uzbequistão, pois o regime stalinista, consciente do valor que tinham os seus intelectuais, romancistas, poetas, músicos e cineastas, removeu-os para lugar seguro, onde ficariam a salvo dos ataques nazistas feitos às grandes cidades – como Leningrado, que foi selvagemente bombardeada durante novecentos dias. No Uzbequistão, Akhmátova ficaria, em condições próximas da penúria, até 1944. Mas seria muito sensível à beleza da paisagem asiática, que celebra em um poema como "Eto rysi glazá tvoí, Áziia" (Estes teus olhos de lince, Ásia) e à bondade humana de que foi alvo, em 1942, quando esteve internada com tifo.

A remoção para essa república asiática separou-a do homem que seria a sua última paixão: o médico Vladímir Gárshin, culto e inteligente, sobrinho do romancista Vsiévolod Gárshin, que ela conhecera quando estava em tratamento no Hospital Kúibishev, de Leningrado, já com os primeiros sintomas da enfermidade cardíaca de que sofreria nos últimos anos. Os sentimentos por Gárshin, que veio visitá-la freqüentemente depois disso, na Casa Fontán, fizeram-na abandonar definitivamente Púnin, cujas infidelidades constantes tinham esfriado pouco a pouco a sua união. Vladímir chegou a pedi-la em casamento, e ela aceitara; porém, durante sua ausência de Leningrado, ele preferiu casar-se com a enfermeira sob cujos cuidados fora colocado quando começaram a manifestar-se sintomas de uma doença mental. Anna reencontrou-o algumas vezes, em agosto de 1944, ao retornar à cidade, mas desentenderam-se seriamente, e ela nunca mais quis revê-lo.

Desde 1940, em todo caso, tinha-lhe sido permitido voltar a publicar, embora sob severa censura. Indignada com a ocupação da França e o bombardeio de Londres, voltara a compor poemas de um genuíno fervor patriótico, que a princípio circulavam de mão em mão, em *samizdat* (cópias clandestinas, manuscritas ou mimeografadas), e que logo o Estado considerou de bom alvitre divulgar amplamente. Nadiêjda Mandelshtám conta que, enquanto estavam no

Tashként, uma vez o próprio comissário da Cultura, Andrêi Jdánov, telefonou para a União dos Escritores local, pedindo que o nome de Akhmátova fosse incluído na lista das pessoas que tinham direito ao cartão de racionamento.

Àquela altura, as autoridades moscovitas consideravam conveniente aproveitar o profundo envolvimento emocional, com a condenação do Nazismo, de uma intelectual cujo nome ainda era respeitado e amado por muita gente no país. A dor de saber que sua Leningrado tinha sido cercada e quase um milhão de pessoas morrera durante os três anos e meio de assédio inspirou a Akhmátova poemas de eloqüente concisão, como "Kliátva" (Juramento) e, sobretudo, "Mújestvo" (Coragem), em que fala da capacidade de enfrentar o sofrimento como uma parte integrante do legado nacional russo. Esse texto foi estampado, em 1942, na primeira página do *Pravda*, cercado de comunicados de batalha e relatórios de baixas.

Em 1940, ela pôde publicar *Iz shiésti knig* (*De seis livros*), uma coletânea de textos extraídos de seus volumes anteriores, expandida depois na *Siedmáia Kníga* (*Sétimo livro*), contendo as suas produções mais recentes. Em 1943, editou, no Tashként, os *Ízbrannie Stíkhi* (*Poemas escolhidos*), um balanço de tudo o que escrevera até então. O medo da perseguição, entretanto, principalmente depois da nova prisão de Liev, a levaria a destruir muitos manuscritos, entre os quais o de uma peça, *Enuma Elish*, que escrevera no Tashként e que descrevia o julgamento de um poeta por um tribunal de escritores, fazendo uma sátira de tom kafkiano às relações entre o artista e o Estado. Restaram apenas trechos da segunda parte dessa peça, *Prólogo*, que Roberta Reeder inclui no segundo volume de sua edição completa, na seção dedicada aos *Fragmentos épicos e dramáticos* e aos *Poemas longos*.

Mas os tempos de amargura ainda estavam longe de

acabar. Dois anos depois de sua volta a Leningrado, começou a *Jdánovshtchina*, a nova fase de expurgos dirigida pelo comissário Jdánov que, encarregado de estabelecer as diretrizes para o "Realismo Socialista" – a doutrina oficial que colocava toda a produção cultural a serviço dos interesses do Estado –, desencadeou violenta campanha de repressão aos "desvios" dos intelectuais. Em 14 de agosto de 1948, o Comitê Central do PCUS censurou o jornal *Zviezdá* (Estrela) e ordenou o fechamento da revista *Lieningrad*, por terem publicado escritos de Akhmátova e do novelista satírico Mikhaíl Zóshtchenko, ambos já há algum tempo na alça de mira de Stálin (ele por ter publicado o conto "As aventuras de um macaco", em que afirmava ser mais feliz a vida do animal, dentro de sua jaula no jardim zoológico, do que a vida do povo dentro da enorme jaula em que a União Soviética se transformara).

Jdánov denunciou como "estranha aos interesses do povo soviético" e "eivada de erotismo, misticismo e indiferença pela política" a obra de Anna Andrêievna, a quem chamou de uma "mistura de freira e prostituta". O mais irônico é que, para lhe fornecer munição contra Akhmátova, os assessores de Jdánov escreveram para ele um discurso em que citaram frases usadas, em 1914, por Borís Éikhenbaum, o principal crítico da Escola Formalista, para caracterizar pejorativamente a fusão de religiosidade e amor profano que havia em *Rosário*. Para o defensor do Realismo Socialista, sempre pronto a acusar os artistas de serem formalistas, isto é, de se preocuparem mais com a forma do que com o conteúdo, era contraditório recorrer, contra Akhmátova, às palavras de um grande intelectual formalista.

As autoridades, e Stálin em especial, assustaram-se com o vertiginoso retorno da popularidade de Akhmátova, assim que lhe foi permitido voltar a publicar. "Quem organizou a claque?", perguntou Stálin, furioso, ao saber que, em maio de 1944, ela tinha sido delirantemente aplaudida, antes mesmo de começar a declamar, ao entrar no palco improvisado na Sala das Colunas, do Palácio dos Sindicatos, em Moscou, onde tinha sido autorizada a fazer um recital de seus poemas. Não havia claque alguma. Os russos amam os seus poetas. E aplaudiram nela, de quem não haviam se esquecido, apesar das proibições, a porta-voz muito sincera de sua maneira íntima de pensar e sentir.

Mas a própria Akhmátova acreditava que outro episódio concorrera para a sua queda em desgraça. No outono de 1945, ela recebeu, no apartamento em que voltara a viver com o filho, na Casa Fontán, a visita do intelectual britânico Isaiah Berlin, de origem russa, que trabalhava para o corpo diplomático. Conhecer esse homem, em quem identificou uma alma irmã que, em outras circunstâncias, poderia talvez ter sido para ela um amigo e um companheiro, perturbou muito Akhmátova. Ela lhe dedicou vários poemas dos ciclos *Cinque, Shipóvnik tsviétot* (*As roseiras silvestres florescem*) e *Polnotchn'ye Stíkhi* (*Versos da meia-noite*), publicados no *Sétimo livro*, e transformou-o num personagem fundamental, o "Hóspede do futuro", do *Poema sem herói*.

Ter recebido, sem autorização, a visita de um estrangeiro, ligado a um governo ocidental, pareceu-lhe ter sido a causa da nova prisão de Liev e de sua expulsão da União dos Escritores – principalmente depois de ter descoberto que, em seu apartamento, tinham sido implantados microfones de escuta. Em *Anna Akhmátova: a Memoir*, o comovente relato que faz desse encontro – e que Roberta Reeder reproduz no segundo volume de sua edição completa –, Isaiah Berlin conta que, ao revê-lo, em Londres, em 1965, quando foi receber o título de doutor honoris causa que lhe fora concedido pela Universidade de Oxford, Akhmátova chegou a lhe dizer que acreditava ter sido esse episódio de fundamental importância para desencadear a Guerra Fria – um claro sinal de quanto a perseguição provocava nela estados paranóicos.

Foi um novo período de silêncio forçado, em que teve de voltar a fazer traduções para sobreviver – às vezes do georgiano, do polonês ou do coreano, línguas que não conhecia –, trabalhando em cima de *podstrótchniki*, traduções literais em prosa, que se encarregava de pôr em versos russos. E prosseguiu com seus estudos sobre Púshkin, produzindo o seu mais perfeito ensaio de historiografia literária, uma comparação da obra desse poeta com a do romancista Fiódor Dostoiévski.

Trabalhava também num perturbador poema autobiográfico, iniciado em 1940, que só terminaria em 1962 (embora, antes disso, uma versão incompleta e um tanto censurada tivesse circulado na União Soviética). É o *Poéma biez Gueróia* (*Poema sem herói*), em que compara e funde fatos ocorridos em 1913 e 1940, tentando compreender, de forma cíclica, o significado de sua própria existência. "Nesse diálogo do poeta com o espírito da poesia", escreve Giovanni Buttafava, "já não pode mais haver um herói – nem o 'eu' e o 'tu' da lírica da juventude, nem o herói coletivo dos poemas da maturidade –, porque a dura experiência da guerra e do Terror stalinista tinha-lhe demonstrado como o Homem pode ser cancelado da História. O poeta torna-se, assim, o 'noivo da serenidade', que se recusa a submeter-se às contingências históricas e ideológicas e tenta revelar algo de mais amplo: o discurso da integração entre o espírito e a natureza. O *Poema sem herói* é uma corajosa tentativa de conciliar o intimismo da poesia lírica da primeira fase com a visão mais profunda da realidade e da História que lhe fora trazida pelos sofrimentos da maturidade."

A primeira parte do *Poema* – "O ano de mil novecentos e treze: um conto de São Petersburgo" – relata, num tom hoffmannesco, a visão que ela tem, na noite da passagem de ano de 1940, das personagens de seu passado que, vestidas como para um baile de máscaras, vêm bater à sua porta e invadem a Sala Branca, a galeria dos espelhos do palácio de Sheremiétiev. Entre eles estão Glébova-Sudêikina, sempre linda, vestida como a Ninfa dos Pés de Bode, que representou numa peça alegórica de Andrêi Beliáiev, no pequeno palco do Cachorro Perdido; o poeta Mikhail Kuzmín, a quem Anna sempre censurara pela indiferença com que reagira à morte de Kniázev, seu ex-amante; Blok, travestido como a misteriosa figura "sem rosto e sem nome" que cortejava a beldade do cabaré; e o jovem Kniázev, o suicida por amor.

A segunda parte – "O outro lado da moeda" – é um *intermezzo* que se abre com uma conversa imaginária entre a autora e um editor soviético contemporâneo, que protesta: "Três temas ao mesmo tempo! Depois de ler a última frase, não se sabe quem gosta de quem, quem se encontrou com quem, quando e por quê, quem morreu ou sobreviveu, ou quem é o autor e quem o herói... E que necessidade temos, hoje, desse discurso sobre um poeta e uma revoada de fantasmas?" Alegando não ter tampouco gostado de viver essa "arlequinada infernal", ela tenta demonstrar-lhe o nexo que existe entre esses fantasmas do passado e o destino de sua geração: "E poderíamos lhe contar como vivemos cheios de medo, como criamos os nossos filhos para o carrasco, a câmara de torturas e a cela da prisão".

O "Epílogo" é um majestoso *finale* em que o tema da primeira parte é revisto na perspectiva das tribulações recentes da Rússia e de sua luta, em 1942, para sobreviver à destruição da Segunda Guerra. Se havia alguma esperança de redenção – acreditava Anna Andrêievna, desde a primeira redação desse final, ainda no Tashként, em agosto de 1942 –, ela estava na possibilidade de a Rússia superar os males que a ameaçavam de dentro e de fora. Na coda do poema, proclama: "Afastando-se de tudo o que se transformara em pó, tomada por um medo mortal, mas certa de que chegara a hora da retribuição, com os olhos sem lágrimas postos no chão e torcendo as mãos, a Rússia avançava à minha frente rumo ao Leste. Indo ao encontro de si própria, como a realidade que sai de um espelho, como um furacão que vem dos Urais e do Altai, fiel a seu dever e eternamente jovem, a Rússia avançava para salvar Moscou."

"Akhmátova considerava o *Poema sem herói* o coroamento de sua obra", escreve Max Hayward na antologia *Poems of Akhmatova* (Boston, 1973), "a destilação final da memória, da visão histórica e da emoção pessoal num testemunho poético sobre o destino da Rússia. (...) Alguns de seus contemporâneos, como ela própria disse numa carta de 1953 a uma amiga, sentiram-se perturbados com a Primeira parte, por acharem que ela estava 'acertando contas' com a década pré-revolucionária e com pessoas que já não podiam mais defender-se. Ela tinha a consciência de que o *Poema* seria difícil, e até mesmo incompreensível, para quem não estivesse familiarizado com certos 'acontecimentos petersburgueses', mas, apesar das críticas que recebeu a esse respeito, sempre se recusou a fazer qualquer concessão aos não-iniciados. (...) Mesmo com as pistas que forneceu em seus últimos anos de vida, o *Poema* permanece difícil. Como disse Akhmátova, na Parte dois do *Poema*, ele é 'uma caixa com fundo triplo'. Por mais que o leiamos, sempre encontraremos novas associações ou perceberemos novas perspectivas, como se tudo se refletisse nos espelhos que, de maneira tão proeminente, aparecem nessa obra. Há tantos ecos literários e a textura é tão densa que é quase como um palimpsesto, embora não se possa apontar nenhuma influência dominante neste que é, sem dúvida, o mais fascinante poema longo escrito na Rússia desde a Revolução."

O degelo pós-stalinista – iniciado com o famoso discurso de Nikita Khrushtchóv no XX Congresso do PCUS, em 25 de fevereiro de 1956, denunciando as atrocidades do passado – trouxe a reabilitação de Akhmátova. Embora a censura ainda continuasse rígida, ela pôde publicar os *Poemas* de 1958, que continham também as suas traduções, a coletânea dos *Poemas de 1909 a 1960* e, em 1965, a sua última coletânea, *Bieg Vriêmeni* (*A fuga do tempo*). Em 1959, foi eleita membro do Presidium da União dos Escritores.

Permitiram-lhe viajar para o exterior: a primeira vez para receber, em Catânia, o prêmio Etna-Taormina de 1960; a segunda para ir a Oxford, em 1965, ser homenageada com o honoris causa (de passagem por Paris e Londres, reviu Borís Anrep e Isaiah Berlin). Em seus dez últimos anos de vida, produziu alguns de seus mais belos poemas, menos acessíveis do que os do início da carreira, cheios de nostalgia e de reflexões sobre a morte e a velhice, marcados por intensa musicalidade, grande riqueza verbal e rítmica, além de um notável senso de imagística visual.

Depois da morte de Borís Pasternák, em 1960, tinha-se tornado a única sobrevivente da *Idade de Prata,* como é chamada pela historiografia literária russa a fase, no início do século XX, de *vozrojdiênie* (renascimento) poético, que assinala a transição entre a grande arte do século XIX e a do período revolucionário. Mas não estava sozinha: o reconhecimento chegara, e era finalmente venerada como um monumento vivo de uma tradição de pureza, simplicidade e integridade, que remonta a Púshkin. O Estado tinha-lhe concedido o direito de passar longos períodos em uma *datcha* (casa de campo) em Komarôvo, onde ficava a colônia de férias da União dos Escritores. E ali era cercada por jovens poetas a quem estimulava com seus conselhos: Anatóli Náiman, Dmitri Bóbishev, Ievguêni Rein. Foi ela a primeira a perceber o originalíssimo talento de Iósif Bródski. Depois de muito tempo preso, acusado de "parasitismo social" – por insistir em viver apenas de sua poesia –, Bródski foi libertado graças a uma campanha iniciada, no Ocidente, pelo poeta inglês W. H. Auden. Conseguiu emigrar e, em 1987, ganhou o Prêmio Nobel de Literatura. Ela gostaria de estar presente para assistir a essa confirmação das esperanças que depositava nele.

Mas a morte havia chegado em 5 de março de 1966, numa clínica de Moscou, onde estava internada depois de sofrer o quarto infarto. Centenas de pessoas compareceram ao serviço fúnebre, em 10 de março, na catedral de São Nicolau, em Leningrado, e ao enterro, no pequeno cemitério de Komarôvo, perto do lago à margem do qual ela gostava tanto de passear. No comovido necrológio que publicou, em julho de 1966, na *Soviétskaia Literatúra,* órgão oficial da União dos Escritores, o poeta Aleksandr Tvardóvski chamou a atenção para o fato de que Akhmátova nunca perdera a popularidade junto aos leitores, mesmo durante aquilo que, eufemisticamente, chamou de "fases de comoção revolucionária e de bruscas mudanças sociais e históricas" e "apesar das graves acusações, injustas ao extremo, que lhe foram feitas".

Em seus últimos anos, Anna Andrêievna estava bastante alquebrada pela doença. Mas até o fim – as últimas fotos o atestam – guardou, sempre envolta no xale negro que Blok celebrara, "aquela soberana presença, aquele agressivo nariz aquilino, aqueles lábios altivos" como, em seus poemas de juventude, gostava de descrever a si mesma.

Junho de 2006

Nota do tradutor

Na introdução à antologia *Poems of Akhmatova*, que organizou, em 1967, juntamente com o crítico Max Hayward, para a Atlantic Monthly Press Books, o tradutor Stanley Kunitz dizia: "Os poetas mais fáceis de traduzir são os excêntricos e exibicionistas, especialmente os que se deliciam com experiências lingüísticas. Ao tradutor de Akhmátova – como ao de Púshkin – não se apresenta nenhuma idiossincrasia de superfície ou de sintaxe que simplifique a sua tarefa. Seus poemas existem na pureza e na exatidão de sua dicção, na autoridade de seu tom, na sutileza de suas modulações rítmicas, na integridade de sua forma. Estes são elementos inerentes à própria poesia, que não devem ser confundidos com 'efeitos' facilmente imitáveis. A única maneira de traduzir Akhmátova é escrever bem. E como isso é difícil!"

Nas palavras de Kunitz, identifico a mesma visão da arte de Akhmátova que me levou, neste trabalho, a optar por um estilo de tradução que, renunciando à tentação de "recriá-la" em português, preferisse tentar simplesmente captar a maneira muito peculiar e espontânea de escrever dessa grande artista, de quem outro grande poeta – Óssip Mandelshtám, seu contemporâneo e íntimo amigo – disse que ela derivava muito mais da tradição de prosa romanesca do que da linhagem poética russa. Mandelshtám referia-se, com isso, à singularidade de um estilo poético direto, conciso, desadornado, tão esguio e aristocrático quanto o aquilino perfil de Anna Andrêievna, que suas fotos e seus retratos deixam-nos ver.

Desistir da rima e, na maior parte do tempo, da metrificação rigorosa, em favor de tentar preservar o seu jeito muito próprio de dizer as coisas, foi uma opção que, de resto – muito cedo me dei conta disso –, coincidiu com a de outros tradutores de Akhmátova cujas edições bilíngües vieram, todo o tempo, em socorro a meus deficientes conhecimentos do russo: as inglesas de Kunitz, Clarence Brown, Dmitri Obolensky ou George Reavey; as francesas de Nikita Struve e Elsa Triolet; a italiana de Angelo Ripellino ou a espanhola de Nicanor Parra.

Esta antologia nasceu de traduções que, a princípio, fiz para mim mesmo, ou para amigos a quem queria fazer conhecer Akhmátova, descoberta em 1962, numa coletânea bilíngüe em espanhol, da *Progress Izdatiélstvo*. Muitos dos poemas aqui contidos são os que, ao longo dos anos, fui encontrando aqui e ali, ao acaso das antologias. Só ao obter a minha primeira edição completa da obra de Akhmátova – a de V. A. Tchôrny, publicada em 1987 em Moscou – pude organizar melhor o projeto, então já em andamento havia um ano, de preparar este livro. O impulso final foi dado pela publicação nos Estados Unidos, em 1990, da obra completa bilíngüe, editada por Roberta Reeder e traduzida por Judith Hemschemeyer, um exemplo maravilhoso de *scholarship* que me permitiu, finalmente, cheio de emoção e espanto, entrar em contato com toda a produção poética de Anna Akhmátova – o que inclui fragmentos, variantes e textos até hoje inéditos na União Soviética.

Pude assim, ao lado dos textos que me tinham chegado às mãos ao longo desses vinte e tantos anos de fascínio pela poesia de Anna Andrêievna, selecionar outros que ilustrassem as diversas etapas de sua carreira e o extenso âmbito de uma temática que, no dizer de Andrêi Siniávski, "vai do suspiro apenas audível à mais inflamada oratória". Pensei, inicialmente, em ordenar seus poemas por critério temático, mas logo percebi que o melhor – para dizer a verdade, o único – critério seria o cronológico, na medida em que a evolução de sua obra reflete, de maneira muito própria, a de seu tempo.

Cabe aqui, finalmente, uma série de agradecimentos: a Marília Pacheco Fiorillo, que tornou possível a publicação deste trabalho; a Susana Camargo, gerente do Departamento de Documentação da Editora Abril, que não avalia até hoje a alegria que me deu ao presentear-me com os dois volumes da edição Tchôrny; a Joanna Berkman, que, de Boston, foi incansável ao ajudar-me a conseguir peças fundamentais de minha bibliografia; a Aleksandar Jovanovic, que, em determinada fase, pôs desinteressadamente a meus préstimos seus conhecimentos do russo; a Mírian David Marques, que leu estas traduções e notas e comentou-as comigo em impiedoso detalhe; a todos aqueles, enfim, que acreditaram no projeto e estimularam-me a levá-lo a termo.

Lauro Machado Coelho
11 de março de 1991

Nota à 2ª edição

A idéia de sugerir à L&PM a reedição deste livro – que havia algum tempo estava esgotado, surgiu quando eu estava trabalhando em *Shostakóvitch: vida, música, tempo* (Ed. Perspectiva, 2006), para comemorar o centenário de nascimento desse grande compositor. O destino semelhante desses dois contemporâneos, igualmente perseguidos, mas que se recusaram sempre a sair da URSS, apontava para a oportunidade da reedição deste volume – já passados mais de quarenta anos da morte de Akhmátova. Nesta 2ª edição, além de revisar a Apresentação, inseri novas traduções, em especial a da íntegra de *Poema sem herói* do qual, originalmente, tinham aparecido apenas dois fragmentos. Agradeço aqui à amiga Vera Borísovna Mlodok Guedes pela ajuda na releitura dos textos e da transliteração.

Lauro Machado Coelho
2009

A GRAFIA DO RUSSO

Para as palavras em russo – nomes próprios, geográficos, ou a citação no original de versos de Akhmátova –, foram usados, neste livro, critérios de transliteração que nem sempre correspondem às formas usuais da imprensa brasileira, entradas em nosso país por via inglesa ou francesa. Esses critérios visam a reproduzir o mais possível a ortografia russa, conformando-se, ao mesmo tempo, às regras da prosódia portuguesa.

Como em português, a tônica das palavras é muito variável. Ela será sempre indicada com um acento: Vladímir, Nikolái, etc. Atenção: o nome Borís é oxítono (ao contrário da forma Boris, comumente usada no Brasil, que é de origem polonesa). Embora seja comum ouvir no Brasil a pronúncia Mussórgski, o nome do compositor é Mússorgski, proparoxítono; da mesma forma, diz-se Rímski-Kórsakov, e não Korsákov; e assim por diante.

As consoantes têm, em princípio, a mesma pronúncia que em português, com as seguintes particularidades:
• G é sempre pronunciado como o som duro guê; por isso, diante de i ou e, será usada a forma gu. Exemplo: gerói = herói será grafado guerói.
• A letra Ж corresponde ao som de nosso jota, e assim será transliterada: Júkov, Jdánov, Vorônej (é comum, na imprensa brasileira, encontrar o zh da transcrição inglesa; portanto, usaremos Bréjnev, e não Brezhnev; Manéj e não Manezh; e assim por diante).
• A letra X, do alfabeto cirílico, corresponde a um som gutural não-existente em português (o ch do alemão ou o

j do espanhol). Para transliterá-lo, usaremos a convenção internacional kh: Akhmátova, Bukhárin, Tchúkhloma etc. (O nome de Anna Akhmátova, em alemão, é transliterado Achmatowa; e em espanhol, Ajmátova).

As consoantes sonoras – v, g, d, j, z – soam como surdas – f, k, t, sh, s – quando estão desacompanhadas de vogal (Prokófiev é pronunciado "prakófief"; Nádson soa como "nátson"; Khlébnikov, como "khliêpnikof" etc.).

Atenção à diferença de pronúncia entre as letras
• Ш (sha) de Shostakóvitch, Shilêiko, Tashként;
• Ч (tcha) de Tchaikóvski, Tchukôvskaia, Tchékhov etc.;
• e a letra Щ (shtcha): esta é formada pelos sons sh + tch, pronunciados em uma só emissão (como se você dissesse rapidamente a expressão inglesa cash-check). Essa é a letra que aparece, por exemplo, no nome de Никита Хрущев = Nikita Khrushtchóv – uma transliteração bem mais fiel à grafia russa do que o Kruschev que se encontra na imprensa brasileira.

Quanto à pronúncia das vogais:
• O e tônico é pronunciado iê (Andrêi, Nadiêjda, Béjetsk); e é pronunciado i quando é átono: o nome Berezóvski soa como "birizóvski"; Perediélkino, como "piridiélkina", e assim por diante.
• O ё é pronunciado "iô" e é sempre a tônica da palavra; para facilitar a pronuncia, grafamos Gumilióv, em vez de Gumiliëv, Gorbatchóv, em vez de Gorbatchëv, etc.
• O o tônico é pronunciado como ô; o o átono soa como a. Exemplos: oknó = janela (aknô); ózero = lago (ôzera); molokó = leite (malakô). Portanto, o nome do crítico Niedobrovô é pronunciado "nidabravô"; e o do violoncelista Rostropóvitch soa como "rastrapôvich".

NOITE
(*Viétcher*)
São Petersburgo, 1912

> *La fleur des vignes pousse,*
> *et j'ai vingt ans ce soir*
>
> André Theuriet

Lendo *Hamlet*

I

No cemitério, à direita, cobriu-se o túmulo de pó
e, por trás dele, brotou um rio azul.
Tu me disseste: "Então
vai para o convento
ou casa-te com um idiota..."
Só os príncipes falam sempre assim.
Mas eu me lembro dessas palavras:
deixem que elas flutuem por cem séculos
como um manto de arminho jogado sobre os meus
[ombros.

II

E como por engano
eu disse: "Tu..."
Iluminou-se a sombra com o sorriso
suave de meu amado.
Esse é o tipo de deslize da língua
que faz com que todo mundo fique te olhando...
Mas eu te amo, como quarenta
meigas irmãs.

1909
Kíev

O REI DE OLHOS CINZENTOS

Glória a ti, inconsolável dor!
Ontem morreu o rei de olhos cinzentos.

A noite de outono era rubra e quente.
Meu marido, ao voltar, disse baixinho:

"Sabe, trouxeram-no da caçada,
acharam o corpo lá no velho carvalho.

Que pena da rainha. Tão jovem!...
Numa noite só ficou grisalha."

Pegou o seu cachimbo na lareira
e lá se foi ele pro trabalho noturno.

Agora vou acordar minha filhinha
e olhar para seus olhinhos cinzentos.

Na janela, o álamo murmura:
"Teu rei já não é mais deste mundo".

11/12/1910
Tsárskoie Seló

Apertei as mãos sob o xale escuro...
"Por que estás tão pálida?"
– Porque hoje lhe dei a beber amargura
até que ele foi embora daqui embriagado.

Posso acaso esquecê-lo? Saiu daqui cambaleando,
sua boca torcendo-se dolorosamente...
Desci correndo, sem nem me encostar no corrimão,
corri atrás dele até o portão.

Angustiada gritei: "Tudo não passou
de uma brincadeira. Se fores embora, morro."
Sorriu docemente e, com um muxoxo terrível,
disse-me: "Não fique no vento".

8/1/1911
Kíev

De "Em Tsárskoie Seló"

Um adolescente moreno andou por estas alamedas
às margens do lago que amava.
E, cem anos depois, ainda veneramos
o som abafado de seus passos.

Agulhas de pinheiro, grossas, pontiagudas,
recobrem o tronco cortado das árvores...
Olha, aqui ficavam o seu tricórnio
e seu gasto volume dos poemas de Parny.

24/9/1911
Tsárskoie Seló

Canção do último encontro

Eu me sentia fria e sem forças
mas eram ligeiros meus passos.
Cheguei a pôr na mão direita
a luva da mão esquerda.

Pareciam tantos os degraus;
mas eu sabia que eram apenas três.
Em meio aos plátanos, o outono
murmurava: "Vem morrer comigo!

Fui enganado pelo meu destino
frágil, volúvel, maligno."
E respondi: "Oh, meu querido,
eu também... morro contigo."

Esta é a canção do último encontro.
De novo olhei a casa sombria.
No quarto apenas, brilhavam velas
com um fogo amarelado e indiferente.

29/9/1911
Tsárskoie Seló

Como com um canudinho, bebes toda a minha alma.
Eu sei, o sabor é amargo, inebriante.
Mas não perturbarei com súplicas a tortura.
Oh, minha serenidade de tantas semanas!

Quando terminares, avisa. Sequer é triste
que minha alma já não pertença mais a este mundo.
Seguirei por esta estrada aqui ao lado,
observando as brincadeiras dos meninos.

No matagal, já desabrocha o espinheiro;
para trás da casa estão levando os tijolos.
Quem és? Meu irmão ou meu amante?
Não me lembro mais – e nem é o caso de lembrar-me.

Quanta luz há aqui, a céu aberto.
Exausto, o corpo descansa...
Mas os passantes pensam inquietos:
não foi só ontem que ela ficou viúva?

10/2/1911
Tsárskoie Seló

Vivo como o cuco no relógio
não invejo os pássaros no bosque.
Esta missão me foi dada e eu canto.
Sabe, destino semelhante,
só a um inimigo poderia desejá-lo.

7/3/1911
Tsárskoie Seló

Ele gostava de três coisas neste mundo:
o coro das vésperas, pavões brancos
e mapas da América já bem gastos.
Não gostava de crianças chorando,
nem de chá com geléia de framboesa
e nem de mulheres histéricas
... e eu era a mulher dele.

9/11/1911
Kíev

Foi na lua nova que ele me abandonou,
o meu amigo querido. E daí?
Ele brincava: "Equilibrista,
como hás de viver até o mês de maio?"

Respondi como a um irmão,
sem ciúmes, sem zangas;
mas, para mim, quatro casacos novos
não compensam pela sua perda.

Assustador é o meu caminho, e arriscado;
mais terrível ainda é a estrada da saudade...
Como é rubra a minha sombrinha chinesa,
e são branquinhas as solas de minhas chinelas.

A orquestra toca uma música bem alegre
e os meus lábios formam um sorriso.
Mas meu coração sabe, ah! o coração sabe
que o quinto camarote está vazio.

Novembro de 1911
Tsárskoie Seló

ROSÁRIO
(*Tchiôtki*)
São Petersburgo, 1914

> *Adeus para sempre! Mas saiba*
> *que o nome desses dois culpados,*
> *não o de um só, estes ficarão*
> *em meus poemas, esses restos de amor.*
>
> Baratynski

Sob o ícone, o tapetinho gasto.
Está o quarto fresco na penumbra
e, espessa, a hera verde-escura
faz ondular a larga janela.

Das rosas se desprende o perfume,
crepita a lâmpada com um fraco brilho.
Salpicadas de cores, há caixinhas
que pintou a amorosa mão do artesão.

A cortina branqueia a janela...
Teu perfil é afilado e cruel.
Os dedos cobertos de beijos
escondes, esquivo, em teu lenço.

E o coração, mal começando a pulsar,
já está cheio agora de tristeza.
Em minhas tranças desarrumadas, ficou
um leve cheiro de fumaça de charuto.

1912

Aprendi a viver com simplicidade, com juízo,
a olhar o céu, a fazer minhas orações,

a passear sozinha até a noite,
até ter esgotado esta angústia inútil.

Enquanto no penhasco murmuram as bardanas
e declina o alaranjado cacho da sorveira,
componho versos bem alegres
sobre a vida caduca, caduca e belíssima.

Volto para casa. Vem lamber a minha mão
o gato peludo, que ronrona docemente,
e um fogo resplandecente brilha
no topo da serraria, à beira do lago.

Só de vez em quando o silêncio é interrompido
pelo grito da cegonha pousando no telhado.
Se vieres bater à minha porta,
é bem possível que eu sequer te ouça.

1912

À NOITE

A música no jardim
tinha dor inexplicável.
Um cheiro de maresia
vinha das ostras no gelo.

Ele disse: "Sou fiel!"
e tocou-me no vestido.
Tão diverso de um abraço
era o toque dessas mãos.

Como quem acaricia
um gato ou um passarinho,
sorria, com os olhos calmos,
sob o ouro das pestanas.

A voz triste dos violinos
cantava, em meio à névoa:
"Dá graças a Deus que enfim
estás a sós com o amado".

Março de 1913

Tarde da noite, em minha mesinha,
a página está irremediavelmente branca.
As mimosas cheiram a Nice e a mormaço;
à luz da lua voa um grande pássaro.

Enquanto faço as tranças para ir deitar –
como se amanhã ainda fosse usar tranças –
olho, sem suspirar, pela janela,
para o mar e as suas brancas dunas.

Mas que poder tem esse homem
que nem sequer me pede ternura...
Mal posso erguer as pálpebras cansadas
quando ele pronuncia o meu nome.

Verão de 1913

A verdadeira ternura não se confunde
com coisa alguma. É silenciosa.
Em vão envolves com cuidado
os meus ombros e meu colo nesta estola.
Em vão palavras carinhosas
dizes sobre o nosso primeiro amor.
Como conheço bem esses insistentes
e insatisfeitos olhares teus.

Dezembro de 1913
Tsárskoie Seló

Para Aleksandr Blok

Eu visitei o poeta
ao meio-dia em ponto. Domingo.
Quietude no amplo quarto
e, fora das janelas, o frio

e um sol cor de amoras silvestres,
envolto em névoa hirsuta e azulada...
Com que olhar aguçado o taciturno
anfitrião olhava para mim!

Tinha olhos daquele tipo
de que a gente nunca se esquece;
melhor seria, cuidadosa,
eu não devolver seu olhar.

Mas me lembrarei sempre da conversa,
do meio-dia nevoento, domingo,
naquela casa alta e cinzenta,
junto aos portões do Nevá para o mar.

Janeiro de 1914

REVOADA BRANCA
(*Biélaia Stáia*)
Petrogrado, 1917

Para a dor, até à noite, a estrada é clara

Ánnenski

Sonho mais raramente com ele, graças a Deus,
já não imagino que o vejo em toda parte.
A névoa encobre a estrada embranquecida,
as sombras leves já fogem sobre a água.

O dia inteiro os sinos não pararam
de tocar sobre os campos bem arados.
Ainda mais altos são os do mosteiro
de São João que eu vejo lá longe.

No campo, vou colhendo as violetas
que ainda outro dia floresceram
e fico olhando aqueles dois monges
que passeiam pela antiga muralha.

Diante de meus olhos, que eram cegos,
ressurge concreto um mundo inteligível e familiar.
O Deus dos Céus cicatrizou minha alma
com a gélida calma da ausência do amor.

1912
Kíev

Para N. G.

Tua casinha branca, teu tranqüilo jardim abandonarei.
Minha vida passará a ser solitária e radiosa.

Mas a ti, a ti eu celebrarei em meus versos,
como mulher alguma jamais fez.
Tu, querido, relembrarás a tua amada
no paraíso que criaste para os olhos dela.
Enquanto isso, eu comercio estes tesouros:
teu amor, tua ternura, vou vendê-los.

1913
Tsárskoie Seló

Raramente penso em ti.
Teu destino pouco me interessa.
Mas de minha alma ainda não se apagou
o brevíssimo encontro que tivemos.

Evito, de propósito, tua casinha vermelha,
tua casinha vermelha junto ao rio lamacento;
mas bem sei com que amargura
perturbo a tua ensolarada quietude.

Embora não te tenhas inclinado sobre mim
suplicando-me que te amasse,
embora não tenhas imortalizado
o meu desejo em versos dourados,

secretamente lanço encantamentos para o futuro,
sempre que as noites são de um azul profundo,
e tenho a premonição de um segundo encontro,
um inevitável segundo encontro contigo.

1913

Em vez de juízo, experiência, bebida choca
que não mata a sede.
Minha juventude foi como a oração de domingo...
como esquecê-la?

Quantos caminhos desertos trilhei
com quem me era indiferente!
Quantas vezes me prosternei
para quem me amava tanto!

Mais do que todos os esquecidos aprendi a esquecer.
Serenamente fluem os anos.
Esses lábios inviolados, esses olhos sem sorriso,
não os encontrarei nunca mais.

1914

Julho de 1914

1

Há um cheiro de queimado. Por quatro semanas
a turfa ressecada ardeu nos bosques.
Hoje, nem os pássaros cantam mais
e os ramos do choupo não tremulam.

O sol é um sinal do desamor de Deus;
a chuva, desde a Páscoa, não molha o chão.
Um viajante aleijado aproximou-se
de nosso pátio e, sozinho, nos falou:

"Tempos terríveis se aproximam. Logo
a terra estará coberta de novos túmulos.
Esperem fome, terremotos, peste
e o eclipse dos corpos celestes.

Mas a nossa terra dividida
pelos caprichos do inimigo não será:
o véu da Mãe de Deus se estenderá
sobre os nossos sofrimentos."

2

Um leve perfume de zimbro
flutua do bosque queimado.
Na aldeia, ecoa o pranto das viúvas
sobre os filhos que os soldados lhes deixaram.

Não foram de todo vãs as orações;
a terra pela chuva implorou
e uma mistura cálida e vermelha
salpicou os campos pisoteados.

Baixo, bem baixo está o céu vazio
e a voz de quem chora é bem suave:
"Estão ferindo Teu sagrado corpo
e jogando dados pelas Tuas vestes".

20/7/1914
Sliepniôvo

Num apelo à cegonha ferida,
as outras lançam sua clarinada
enquanto, à sua volta, a planície
espoja-se no outono ensolarado.

Definhando, ouço o agudo chamado
e o ruflar de suas asas douradas
vindo de um banco de nuvens bem baixas
que às moitas trança-se num abraço:

Já é hora de alçar vôo sobre os campos e os rios,
pois nem consegues cantar
e tua mão já nem tem forças
para enxugar tuas próprias lágrimas.

Fevereiro de 1915

Para N. G. Tchúlkova

No umbral da primavera são assim certos dias:
sob os montes de neve repousa a pradaria,
as árvores sussurram desnudas mas alegres
ao sopro de um vento carinhoso e elástico.
E o corpo espanta-se ao sentir-se leve
e já não reconhece a própria casa
e nem ao canto, de que já se cansara,
e uma vez mais o canta, comovido, como se fosse novo.

Primavera de 1915
Sliepniôvo

Deus não é bom para a safra e os jardineiros.
Tilintando cai, oblíqua, a chuva,
cobrindo a terra com o seu manto d'água,
no qual o céu vem espelhar-se.

Prados e campos são um reino sob a água
e soltos os regatos cantam, cantam;
nos ramos cheios, as ameixas estouram
e a grama, amassada, já começa a amarelar.

Através dessa densa cortina de água,
contemplo o teu rosto gentil,
o parque silencioso, o quiosque chinês
e a varandinha circundando a casa.

Verão de 1915
Tsárskoie Seló

Por que finges sempre ser
ora um ramo, pedra ou pássaro?
Por que me estás sempre sorrindo
como o raio que cruza o céu?

Não me tortures mais, não me toques!
Deixa-me com minhas profecias...
Uma chama bêbada cintila
no cinzento lodo seco.

E a Musa, com o vestido rasgado,
canta uma triste canção:
é em sua angústia, rija, jovem,
que está sua incrível força.

Julho de 1915
Sliepniôvo

Oração

Manda-me amargos anos de doença,
a febre, a insônia, a inquietação,
leva de mim meu filho, meu amigo
e o dom misterioso de cantar.
Esta é a minha oração durante a Tua Liturgia:
após as tormentas de tão longos dias,
que a nuvem que pesou sombria sobre a Rússia
transforme-se noutra nuvem, de gloriosos raios.

Maio de 1915
Dia do Espírito Santo
Petersburgo

Para N.V.N.

Dentro de cada ser há um segredo
a que nem a paixão consegue acesso,
inda que os lábios fundam-se num beijo
e o coração de amor se despedace.

Os anos e a amizade incapazes
são de obter a ventura calcinante,
quando a alma liberta é estrangeira
à lenta lassidão voluptuosa.

Os que a procuram já são quase loucos.
Os que a alcançam, mata-os a tristeza...
Agora tu entenderás por que
meu coração não pulsa em tuas mãos.

Maio de 1915
Petersburgo

Talvez haja em algum lugar vida tranqüila
e um mundo cálido, alegre e transparente...
Lá o vizinho conversa com a mocinha
por cima da cerca, ao entardecer,
e só as abelhas ouvem seus ternos sussurros.

Mas nós, aqui, vivemos vida solene e difícil,
respeitando os ritos de nossos amargos encontros,
em que o vento, com a sua insensatez,
interrompe a frase apenas começada.

Por preço algum ousaríamos mudar a suntuosa,
granítica cidade de glórias e desventuras,
os gelos refulgentes de amplos rios,
os sombrios, sinistros jardins
e a voz da Musa, apenas perceptível.

23/6/1915
Sliepniôvo

Vinte e um. Noite. Segunda-feira.
A silhueta da cidade na neblina.

Algum desocupado inventou
essa história de que há amor no mundo.

E por preguiça ou por tédio,
todos acreditaram nele e assim viveram:
esperando encontros, temendo rupturas
e cantando canções de amor.

Mas a outros será revelado o segredo
e sobre estes cairá o silêncio...
Eu tropecei nele casualmente e, desde então,
sinto-me como se estivesse doente.

1917
Petersburgo

Não somos bons de despedidas.
Passeamos lado a lado, os ombros tocando-se.
Já está começando a escurecer.
Estás pensativo, eu não digo nada.

Entramos nesta igreja para ver
alguém sendo enterrado, batizado, se casando;
depois vamos embora, sem olhar um para o outro.
Por que é que para nós nada dá certo?

Vamos sentar na neve pisoteada
do cemitério, suspirando de leve.
Com a ponta da bengala, traçarás palácios
em que viveremos felizes para sempre.

1917

Foi para isso que te carreguei
nos braços tanto tempo atrás?

Foi para isso que força e coragem
fizeram brilhar os teus olhos azuis?
Cresceste, tão alto, tão magro,
cantavas, bebias Madeira;
mas para a Anatólia distante
mandaram-te com a torpedeira.

Em Malakhóv Kurgán
foi baleado o oficial.
Nem mesmo vinte anos teve
para ver a luz de Deus.

1918
Petersburgo

TANCHAGEM
(*Podorójnik*)
Petrogrado, 1921

Conheça, pelo menos, os sons
que outrora te foram caros

Púshkin

Cançoneta

Um colarzinho de contas no pescoço,
as mãos sumindo num amplo regalo.
Os olhos passeiam em torno distraídos
e já não têm mais com que chorar.

A seda, que é quase violeta,
faz o rosto parecer mais pálido.
A franja, de cabelos tão lisinhos,
já chega até quase as sobrancelhas.

Não se parece em nada com um vôo
esse jeito lento de andar
como se numa jangada pisasse
e não nas pranchas firmes do assoalho.

A boca pálida, entreaberta,
o fôlego cansado, ofegante....
contra o peito treme o ramalhete
deste encontro contigo que não houve.

1913

És um apóstata: por uma ilha verde
traíste, traíste a tua terra natal,

nossas canções, nossos ícones
e o pinheiro à margem do lago tranqüilo.

Por que, vistoso homem de Iároslavl
– a menos que tenhas perdido a razão –,
admiras ruivas beldades e esplêndidas mansões?

É assim então, blasfemo e fanfarrão,
que destróis tua alma sagrada?
E na capital dos reis te instalas,
alegrando-te com a tua liberdade.

Por que apareces gemendo
sob a minha alta janela
se sabes que no mar não te afogas
e que da luta emergirás são e salvo?

Nem o mar nem o combate assustam
a quem perdeu o direito à graça.
E ainda vens pedir que sejas
por nós lembrado quando rezarmos!

Verão de 1917
Sliepniôvo

Quando, na angústia do suicídio,
o povo esperava pelo hóspede germânico,
e o austero espírito de Bizâncio
desertava a Igreja russa,
quando a capital às margens do Nevá,
esquecida de sua grandeza,
como uma prostituta bêbada
nem sabia mais a quem se entregava,
ouvi uma voz consoladora
que me dizia: "Vem para cá,

abandona essa terra surda e pecadora,
abandona a Rússia para sempre.
Limparei o sangue de tuas mãos,
a negra vergonha arrancarei de teu coração,
com um nome novo cobrirei
a injúria e a dor da derrota".
Mas eu fiquei calada e indiferente
e tapei os ouvidos com as mãos
para que essas indignas palavras
não viessem profanar minha alma aflita.

Outono de 1917

Eu perguntei ao cuco
quantos anos viveria...
O topo do pinheiro estremeceu,
o sol banhou a relva de dourado,
mas som algum perturbou a clareira...
Voltei então para casa.
A brisa fresca acariciava
a minha fronte escaldante.

1/6/1919
Tsárskoie Seló

ANNO DOMINI MCMXXI
Petrogrado, 1922

Naqueles anos fabulosos...
Tiútchev

DE "SONHO NEGRO"

2

És sempre insólito e misterioso
e eu, a cada dia, mais submissa.
Mas teu amor, ó meu amor tirano,
é uma provação a ferro e fogo.

Tu me proíbes de rir e de cantar,
de rezar já me proibiste há muito tempo.
Desde que a nos separar nós não cheguemos,
pouco te importa o que me aconteça!

Assim, estrangeira ao céu e à terra,
eu vivo e já não canto mais.
É como se afastasses minha alma peregrina
tanto do inferno quanto do céu.

Dezembro de 1917

3

Por causa de teu amor enigmático
eu gemo como uma enferma.
Fui ficando amarelada e trêmula,
quase não consigo mais andar.

Não me venhas com novas canções,
que elas podem ser enganadoras;
mas arranha, arranha com mais força
este meu peito de tísica,

para que o sangue mais rápido espirre
de meu colo sobre a cama,
e a morte de meu coração arranque
para sempre esta maldita embriaguez.

Ele me disse que não tenho rival,
que para ele não sou uma mulher deste mundo,
e sim um sol de inverno que à terra traz alegria,
uma canção selvagem vinda da terra natal.
Quando eu morrer, ele não ficará triste,
não gritará, cheio de pavor: "Ressuscita!"
Mas, de repente, perceberá que é impossível viver
o corpo sem sol, a alma sem canções.
        E daí?

1921

Não estás mais entre os vivos.
Da neve não podes erguer-te.
Vinte e oito baionetadas.
Cinco buracos de bala.

Amarga camisa nova
cosi para o meu amado.
Esta terra russa gosta,
gosta do gosto de sangue.

16/8/1921

MCMXXI

Para Natalia Rykova

Tudo foi conspurcado, traído, vendido;
a asa negra da morte relampejou lá em cima;
tudo foi roído pela angústia faminta;
por que, então, esta luz ainda brilha sobre nós?

De dia, recende a cerejas
o misterioso bosque vizinho à cidade;
à noite, brilham novas constelações
nas profundezas do transparente céu de julho.

E o miraculoso chega tão pertinho
destas casas sujas, arruinadas;
é algo que ninguém jamais conheceu,
embora o tivéssemos sempre desejado.

Junho de 1921

Não estou com aqueles que abandonaram a terra
às dilacerações do inimigo.
Às suas grosseiras lisonjas não cedo.
A eles não darei minhas canções.

Para mim, o exilado é digno de dó,
como quem está preso ou está doente.
Sombria é a tua estrada, peregrino,
vermes infestam o teu pão estrangeiro.

Mas aqui, em meio à fumaça do incêndio,
que consome o que resta da nossa juventude,
sabemos que nem um pouquinho
nos afastamos de nós mesmos.

E sabemos que, na hora do acerto final,
cada um de nossos momentos estará justificado...
Não há no mundo gente mais sem lágrimas,
mais simples e orgulhosa do que nós.

Julho de 1922
Petersburgo

Hoje é a festa de Nossa Senhora de Smólensk.
O incenso azul eleva-se sobre a relva
e os cânticos fúnebres jorram,
sombrios hoje não, mas radiosos.
Viúvas jovens de bochechas rosa
levam seus filhos, levam suas filhas
a visitar os túmulos dos pais.
No cemitério, todo verdejante,
o sol já fez calar o rouxinol.
E à Santa Mãe de Smólensk viemos
oferecer, neste esquife de prata,
o nosso sol, que a dor fez apagar-se:
nosso Aleksandr, o cisne imaculado.

Agosto de 1921

Cerca de ferro fundido
e a cama feita de pinho.
Como é doce não ter mais
de sentir de ti ciúmes.

Forraram a minha cama
com súplicas, com soluços.
Vai, procura o teu caminho
onde queiras, Deus te guie.

Já não ferem teus ouvidos
palavras descontroladas,

já ninguém espera a vela
queimar até o dia seguinte.

Finalmente conseguimos
paz e dias inocentes.
Tu choras – mas eu não valho
uma só de tuas lágrimas.

27/8/1921
Tsárskoie Seló

BÉJETSK

Lá as igrejas são brancas e o gelo brilha e ressoa,
lá florescem os olhos azuis de meu filho querido.
Sobre a cidade, pende a noite russa incrustada de
                              [diamantes
e o crescente no céu é mais dourado que o mel.
Lá as tempestades de neve sopram das planícies, do
                              [outro lado do rio
e os homens, como anjos, rejubilam-se a cada dia santo.
Limparam o maior cômodo da casa, junto aos ícones
                              [acenderam as lâmpadas
e as Escrituras repousam numa pesada mesa de carvalho.
Lá as lembranças amargas – hoje para mim tão raras –
abriram-me as janelas de seus torreões, com uma
                              [profunda reverência.
Mas não entrei: bati com força a porta assustadora.
E a cidade encheu-se com o alegre bimbalhar dos sinos
                              [de Natal.

26/12/1921

Este insólito outono ergueu uma alta cúpula:
às nuvens deu-se a ordem de que não o ensombrecessem.

E todos se espantaram: os prazos de setembro tinham-se
[esgotado.
Para onde foram os dias tristes e chuvosos?
A água suja dos canais tingiu-se de esmeralda,
as urtigas exalaram seu perfume, como o das rosas, só
[que bem mais forte.
Sufocávamos no inferno atroz dessas auroras de um
[rubro de esmalte.
Sua lembrança há de ficar gravada em nós até o fim
[dos tempos.
O sol era como o chefe dos rebeldes entrando em uma
[aldeia
e este outono primaveril de tal forma desejava o seu abraço
que até os flocos de neve pareciam querer desabrochar.
Foi aí que, bem sereno, eu te vi, aproximando-te da
[minha porta.

Setembro de 1922

A MULHER DE LOT

*A mulher de Lot, que o seguia, olhou para trás
e transformou-se numa estátua de sal.*

Gênesis

E o homem justo seguiu o enviado de Deus,
alto e brilhante, pelas negras montanhas.
Mas a angústia falava bem alto à sua mulher:
"Ainda não é tarde demais; ainda dá tempo de olhar

as rubras torres de tua Sodoma natal,
a praça onde cantavas, o pátio onde fiavas,
as janelas vazias da casa elevada
onde deste filhos ao homem bem-amado".

Ela olhou e – paralisada pela dor mortal –,
seus olhos nada mais puderam ver.
E converteu-se o corpo em transparente sal
e os ágeis pés no chão se enraizaram.

Quem há de chorar por essa mulher?
Não é insignificante demais para que a lamentem?
E, no entanto, meu coração nunca esquecera
quem deu a própria vida por um único olhar.

24/2/1924

JUNCO
(*Trostník*)
1924-1940

Represento em todos os cinco

B. P.

À Musa

Quando, à noite, espero a tua chegada,
a vida me parece suspensa por um fio.
Que importam juventude, glória, liberdade,
quando enfim aparece a hóspede querida
trazendo nas mãos a sua rústica flauta?
Ei-la que vem. Soergue o seu véu,
olha para mim atentamente.
E lhe pergunto: "Foste tu quem a Dante
ditou as páginas do Inferno?" E ela: "Sim, fui eu".

1924

Esta cidade, que me foi cara desde a infância,
de novo, em seu silêncio de dezembro,
tal qual a minha herança dissipada,
fez-me hoje a sua aparição.

Tudo o que era antes espontâneo,
tudo o que era tão fácil de dar –
o ardor da alma, o som das preces,
a graça da primeira canção

– tudo fugiu como fumaça,
apodreceu no fundo do espelho...

E agora, sobre o que é irrevogável,
o violinista sem nariz põe-se a tocar.

Mas, curiosa como uma forasteira,
fascinada por todas as novidades,
eu via deslizar velozes os trenós
e escutava a língua materna.

Com vigor, com frescor selvagem,
soprava-me no rosto a ventura,
como se um amigo, há séculos querido,
fosse sair comigo na varanda.

1929

De ti escondi meu coração
como se no Nevá o tivesse atirado...
agora, domada e sem asas,
é em tua casa que eu estou morando.
Mas... na noite escuto um estalido:
o que há lá no escuro?
– as bétulas de Sheremétiev,
como deuses lares, chamam-se umas às outras...
Aproximando-se com passos furtivos,
que soam como o ruído da água,
o negro sussurro da desdita
inclina-se febrilmente a meu ouvido,
balbuciando, como se nada mais
tivesse a fazer do que perturbar-me em meio à noite:
"Desejas um pouco de consolo?
Mas tens idéia de onde está o que te conforte?"

1936

Vorônej

O. M.

E a cidade inteira está trancada em gelo:
sob uma redoma de vidro, os muros, a neve.
Ando sobre cristais timidamente.
Deslizam os trenós de alegres cores.
Acima da estátua de Pedro, em Vorônej,
há os corvos, os choupos, a cúpula verde-claro
esmaecida, desbotada à luz do sol
e a batalha de Kulikovo explode nas colinas
desta terra de vencedores.
E os choupos, taças que se chocam num brinde,
rugem sobre nós com toda a força,
como se celebrassem nosso júbilo
num jantar de bodas para cem convivas.

Mas, no quarto do poeta degredado,
o Medo e a Musa velam em rodízio,
e uma noite cai
que não traz esperança de alvorada.

4/3/1936

Dante

Il mio bel San Giovanni...
Inferno, Canto XIX, 1.7

Nem morto ele voltou
à sua antiga Florença.
Ao deixá-la, não olhou para trás.
É para ele que canto esta canção.
Uma tocha. Noite. Último abraço.

Seu destino selvagem geme porta afora.
Quando esteve no Inferno, amaldiçoou esta cidade,
mas não se esqueceu dela ao chegar ao Paraíso.
Mas não foi ele quem andou, com pés descalços,
vestido de saco e com uma vela acesa,
pelas ruas da Florença bem-amada,
mesquinha e infiel, que ele tanto desejou...

17/8/1936

A celebração de um alegre aniversário –
não vês que hoje, em todos os seus detalhes,
nosso primeiro inverno, esse brilhante claro,
repete-se nesta noite de nevada?

Vapor amarelado sai do estábulo do tzar,
o Móika vai afundando na escuridão,
a luz da lua é tênue de propósito,
e para onde vamos eu não sei.

O jardim, enfurecido, perambula
entre as lápides do neto e do avô.
Emergindo de febril encarceramento,
as lâmpadas na rua ardem funerárias.

Blocos ameaçadores de gelo cobrem o Campo de Marte
e há cristais sobre todo o Liebiájia.
Que sorte pode à minha comparar-se
se no peito o que trago é alegria e temor? –
Tremula, como um lindo pássaro,
a tua voz pousada em meus ombros.
E aquecida por uma súbita luz,
rebrilha o pó da neve feito prata.

1939

Separação

1

Nem semanas nem meses – anos
levamos nos separando. Eis, finalmente,
o gelo da liberdade verdadeira
e as cinzentas guirlandas na fachada dos templos.

Não mais traições, não mais enganos,
e não me terás mais de ficar ouvindo até o amanhecer,
enquanto flui o riacho das provas
da minha mais perfeita inocência.

1940

2

E como sempre acontece nesses dias de ruptura,
a nossa porta bateu o espectro dos primeiros dias
e, pela janela, irrompeu o salgueiro prateado
com toda a encanecida magnificência de seus ramos.
E nós, perturbados, amargos mas altivos,
não ousamos erguer do chão os nossos olhos.
Com voz exultante, o pássaro pôs-se a cantar
o quanto um do outro tínhamos gostado.

25/9/1944

3

O último brinde

Bebo à casa arruinada,
às dores de minha vida,
à solidão lado a lado

e a ti também eu bebo –
>   aos lábios que me mentiram,
>   ao frio mortal nos olhos,
>   ao mundo rude e brutal
>   e a Deus que não nos salvou

27/3/1934

CLEÓPATRA

> *Os palácios de Alexandria*
> *cobriram-se com doce sombra*
>
> Púshkin

Ela já beijara os lábios mortos de Antônio,
prosternada diante de Augusto já derramara suas lágrimas...
E seus servos a traíram. Trombetas vitoriosas ressoam
sob a águia romana. E a névoa noturna vem descendo.
Entra, então, o último cativo de sua beleza,
tão alto e tão sério, e sussurra envergonhado:
"Tu – como uma escrava... em triunfo te arrastarão
[diante dele..."
Mas seu colo de cisne permanece placidamente inclinado.

E amanhã porão seus filhos a ferros. Oh, quão pouco
[lhe resta
a fazer nesta terra – brincar um pouco com este garoto
e, depois, a negra víbora, como num doentio gesto de
[compaixão,
pôr sobre o seio moreno com mão indiferente.

7/2/1940

RÉQUIEM: UM CICLO DE POEMAS
(*Rékviem: tzikl Stikhotvoriênnii*)
1935-1940

Réquiem
1935-1940

Não, não foi sob um céu estrangeiro,
nem ao abrigo de asas estrangeiras –
eu estava bem no meio de meu povo,
lá onde o meu povo infelizmente estava.

1961

No lugar de um prefácio

Nos anos terríveis da *Iéjovshtchina*, passei dezessete meses fazendo fila diante das prisões de Leningrado. Um dia, alguém me "reconheceu". Aí, uma mulher de lábios lívidos que, naturalmente, jamais ouvira falar em meu nome, saiu daquele torpor em que sempre ficávamos e, falando pertinho de meu ouvido (ali todas nós só falávamos sussurrando), me perguntou:
– É isso, a senhora pode descrever?
E eu respondi:
– Posso.
Aí, uma coisa parecida com um sorriso surgiu naquilo que, um dia, tinha sido o seu rosto.

Leningrado, 1º/4/1957

Dedicatória

Diante dessa dor, as montanhas se inclinam
e o grande rio deixa de correr.
Mas os muros das prisões são poderosos
e, por trás deles, estão as "tocas dos condenados"
e a saudade mortal.
É para os outros que a brisa fresca sopra,
é para os outros que o pôr-do-sol se enternece –
mas nada sabemos disso: somos as que, por toda parte,
só ouvem o odioso ranger das chaves
e o passo pesado dos soldados.
Levantávamo-nos como para o culto da madrugada,
arrastávamo-nos por esta capital selvagem,
para nos encontrarmos lá, mais inertes do que os mortos,
o sol cada vez mais baixo, o Nevá mais nevoento,
enquanto a esperança cantava bem ao longe...
O veredicto... e as lágrimas de súbito brotam.
E ei-la separada do mundo inteiro
como se de seu coração a vida se arrancasse,
como se com um soco a derrubassem.
E, no entanto, ela ainda anda... cambaleando... sozinha...
Onde estão, agora, as companheiras de infortúnio
desses meus dois anos de terror?
O que estarão vendo, agora, na neblina siberiana?
A elas eu mando a minha última saudação.

Março de 1940

Prólogo

Houve um tempo em que só sorriam
os mortos, felizes em seu repouso.
E como um apêndice supérfluo, balançava
Leningrado, pendurada às suas prisões.

E quando, enlouquecidos pelo sofrimento,
os regimentos de condenados iam embora,
para eles as locomotivas cantavam
sua aguda canção de despedida.
As estrelas da morte pairavam sobre nós
e a Rússia inocente torcia-se de dor
sob as botas ensangüentadas
e os pneus das Marias Pretas.

I

Levaram-te embora ao amanhecer.
Atrás de ti, como quem acompanha um carro fúnebre,
[eu segui.
No quarto às escuras, as crianças soluçavam
e a vela gotejava diante do ícone.
Teus lábios estavam gelados como uma medalhinha.
Do suor mortal em tua fronte nunca me esquecerei.
Como as viúvas dos Striéltsi, eu também
irei gritar diante das torres do Kremlin.

1935

II

Lento flui o Don silencioso.
Amarela a lua entra em casa,

entra com seu boné enviesado,
a lua amarela, e depara com uma sombra.

Esta mulher está doente,
esta mulher está sozinha.

O marido morto, o filho preso.
Digam por mim uma oração.

III

Não, esta não sou eu, é uma outra qualquer que sofre.
Não posso suportar o que aconteceu,
deixem que uma negra mortalha o cubra
e que levem embora os lampiões de rua...
Anoitece...

1940

IV

Se te tivessem mostrado – a ti, a zombeteira,
a estimada de todos os amigos,
a alegre pecadora de Tsárskoie Seló –
o que a tua vida te reservava:
como, tricentésima da fila, com teu pacotinho na mão,
ficarias diante da Kriesty,
e tuas lágrimas escaldantes
derreteriam o gelo do ano-novo...
Lá longe, o álamo no pátio da prisão balouça.
Não se ouve um só som – lá, quantas vidas
inocentes estão acabando...

V

Há dezessete meses choro,
chamando-te de volta para casa.
Já me atirei aos pés de teu carrasco.
És meu filho e meu terror.
As coisas se confundem para sempre
e não consigo mais distinguir, agora,
quem a fera, quem o homem,
e quanto terei de esperar até a tua execução.
Só o que me resta são flores empoeiradas

e o tilintar do turíbulo e pegadas
que levam de lugar nenhum a parte alguma.
E bem nos olhos me olha,
com a ameaça de uma morte próxima,
uma estrela enorme.

1939

VI

As semanas leves vão-se embora.
O que aconteceu, eu não entendo.
Como a ti, meu filho, na prisão,
vieram contemplar as noites brancas,
e ainda te contemplam
com seus ardentes olhos de falcão
e da tua alta cruz
e de tua morte falam.

1939

VII

O VEREDICTO

E a pétrea palavra caiu
sobre o meu peito ainda vivo.
Pouco importa: estava pronta.
Dou um jeito de agüentar.

Hoje, tenho muito o que fazer:
devo matar a memória até o fim.
Minha alma vai ter de virar pedra.
Terei de reaprender a viver.

Senão... o ardente ruído do verão
é como uma festa debaixo da janela.
Há muito tempo eu esperava
por este dia brilhante, esta casa vazia.

22/6/1939
Casa Fontán

VIII

À MORTE

De qualquer jeito virás – então, por que não vens já?
Estou te esperando: tudo para mim ficou difícil.
Apaguei a luz, abri a porta
para ti, tão simples, tão maravilhosa.
Para isso, toma o aspecto que quiseres:
entra como um obus envenenado,
ou sorrateira qual hábil bandido,
ou como as emanações do tifo,
ou sob a forma daquela fábula que tu mesma inventaste
e que todos já conhecem até a náusea –
na qual torno a ver o topo do quepe azul e,
por trás dele, o zelador pálido de medo.
Para mim dá na mesma. O Ienissêi corre turbulento.
A Estrela Polar brilha no céu.
O brilho azul dos olhos que eu amo
é recoberto por esse terror.

19/8/1939
Casa Fontán

IX

Já a loucura com as suas asas
envolveu-me toda a alma,

me encharcando em seu licor,
levando-me ao vale das sombras.

Ouvindo o meu delírio
como se fosse o de outra,
está certo, sei que devo
admitir que ela venceu.

Eu sei que não deixará
que eu leve nada comigo
(por mais que eu lhe peça,
por mais que eu lhe implore):

nem os olhos do meu filho
que a dor petrificou,
nem o dia do terror,
nem o dia da visita,

nem o frio de suas mãos,
nem o tremular dos álamos,
nem o som que vem de longe,
últimos sons de consolo.

4/5/1940
Casa Fontán

X

A CRUCIFICAÇÃO

Não chore por mim, Mãe,
no túmulo estou

1

O coro dos anjos glorificou esta hora terrível
e os céus partiram-se em abismos de fogo.

Ele perguntou ao Pai: "Por que me abandonaste?"
Mas à Mãe disse: "Oh, não chore por mim..."

1940
Casa Fontán

2

Madalena batia no peito e chorava.
O discípulo favorito convertera-se em pedra.
Mas para lá, onde a Mãe, em silêncio, se erguia,
ninguém ousava erguer os olhos e olhar.

1943
Tashként

Epílogo

1

Aprendi como os rostos se desfazem,
como o pavor dardeja sob as pálpebras,
como a dor sulca a tabuinha do rosto
como seus rugosos caracteres cuneiformes,
como os cachos negros ou cinzentos
de um dia para o outro se prateiam,
como em lábios submissos o sorriso fenece
e, com um risinho seco, como se treme de medo.
E não é só por mim que rezo,
mas por todas as que estiveram lá comigo,
no frio selvagem, no tórrido mês de julho,
em frente à muralha rubra e cega.

2

Uma vez mais volta o Dia da Lembrança.
Vejo, ouço, sinto por vocês todas:

aquela que mal conseguiu chegar ao fim,
aquela que já não vive mais em sua terra,

aquela que, balançando a bonita cabeça,
disse: "Volto aqui como se fosse o meu lar".

Gostaria de poder chamá-las, a todas, por seu nome,
mas levaram a lista embora, e onde posso me informar?

Para elas teci uma ampla mortalha
com suas pobres palavras que consegui escutar.

Sempre e em toda parte hei de lembrar-me delas:
delas não me esquecerei, nem numa nova miséria.

E se tamparem a minha boca fatigada,
através da qual jorra um milhão de gritos,

que seja a vez de todas elas me lembrarem,
na véspera do meu Dia da Lembrança.

E se, neste país, um dia decidirem
à minha memória erguer um monumento,

eu concordarei com essa honraria,
desde que não me façam essa estátua

nem à beira do mar, onde nasci –
meus últimos laços com o mar já se romperam –,

nem no jardim do Tsar, junto ao tronco consagrado,
onde uma sombra inconsolável ainda procura por mim,

mas aqui, onde fiquei de pé trezentas horas
sem que os portões para mim se destrancassem;

porque, mesmo na morte abençoada, tenho medo
de esquecer o som surdo das Marias Pretas,

de esquecer como os odiosos portões estalavam
e como a velha gemia qual animal ferido.

Das pálpebras imóveis, das pálpebras de bronze,
deixem que corram lágrimas qual neve fundida,

deixem que as pombas da prisão arrulhem na distância
e que os barcos deslizem em silêncio sobre o Nevá.

Março de 1940

SÉTIMO LIVRO
(*Siedmáia Kníga*)
1963-1964

O sétimo véu da névoa caiu –
o que é seguido pela primavera

T. K.

DE "OS MISTÉRIOS DO OFÍCIO"

1
CRIAÇÃO

É assim que acontece: um cansaço qualquer;
nos ouvidos não se cala a luta das horas;
à distância ouço o estrondo do trovão.
Vozes cativas, irreconhecíveis,
pareço ouvir, queixando-se e gemendo:
estreita-se assim o círculo secreto.
Mas desse abismo de sons e de sussurros
brota uma voz cada vez mais possante.
À sua volta, é tão pesado o silêncio
que dá para ouvir, no bosque, a relva crescendo
e como a desventura segue mundo afora, alforje às costas.
Mas eis que já se ouvem as palavras –
e as campainhas que anunciam leves rimas
só então começo a compreender
e, aos poucos, os versos que me estão sendo ditados
vão se acomodando na alvura do caderno.

5/11/1936

2

De que servem exércitos de canções
e o encanto das elegias sentimentais?
Para mim, na poesia, tudo tem de ser desmesurado,
e não do jeito como todo mundo faz.

Se vocês soubessem de que lixeira
saem, desavergonhados, os versos,
como dente-de-leão que brota ao pé da cerca,
como a bardana ou o cogumelo.

Um grito que vem do coração, o cheiro fresco de alcatrão,
o bolor oculto na parede...
E, de repente, a poesia soa, calorosa, terna,
para a minha e para a tua alegria.

21/1/1940

3
À Musa

Como viver com este fardo
a que se ousa chamar Musa?
Dizem-me: "Pela pradaria a segues...
Dizem-me: "Que balbuciar divino..."
Mais forte do que a febre ela me agita.
Depois fica o resto do ano calada.

Verão de 1959
Komarôvo

6
ÚLTIMO POEMA

Um, qual ansioso trovão,
irrompe pela casa com o hálito da vida,
gargalha e a goela sacoleja,
bate palmas e saracoteia.

Outro, nascido no silêncio da meia-noite,
vem sorrateiro eu não sei de onde,
olha para mim do espelho vazio
e murmura alguma coisa austeramente.

Outros são assim: à luz do dia,
quase como se não me vissem,
fluem através da página branca
como um riacho puro na ravina.

E mais este: misteriosamente ele perambula –
sem som nem cor, sem cor nem som,
escava, serpenteia, se enrosca
e escapole vivo entre as minhas mãos.

E este então... gota a gota bebe-me o sangue
como aquela garota malvada da juventude – o amor;
depois, sem me dizer uma só palavra,
fica de novo calado.

Jamais experimentei dor mais cruel.
Ele foi-se embora, seus passos me levando
ao mais extremo limite dos limites
E eu, sem ele... sinto-me morrer.

1/12/1959
Leningrado

7

Epigrama

Pode Beatriz criar como se fosse Dante
ou Laura celebrar a chama do amor?
Eu ensinei as mulheres a falar,
mas agora, meu Deus, como fazê-las calar?

1958

10

São muitas, seguramente, as coisas
que ainda querem ser cantadas por mim:
tudo o que mudo ressoa,
o que no escuro subterrâneo afia a pedra,
o que irrompe através da fumaça.
Ainda não ajustei contas com a chama,
nem com o vento e nem com a água...
É por isso que a minha sonolência
abre-me, de par em par, os portões
que levam à estrela da manhã.

1942
Tashként

De "O vento da guerra"

1

Juramento

Aquela que de seu amor hoje se despede,
que a sua dor em força se converta.

Juramos pelas crianças, pelos sepulcros juramos:
ninguém jamais conseguirá dobrar-nos!

Julho de 1941
Leningrado

3

O PRIMEIRO PROJÉTIL DE LONGO ALCANCE ATINGE LENINGRADO

E o multicolorido ruído da multidão
calou-se de repente.
Mas não era um som típico da cidade,
e tampouco do campo,
esse longínquo estrondo que mais parecia
ser o irmão gêmeo do trovão.
Se bem que, no trovão, há a umidade
das nuvens, altas e frescas,
e o desejo das campinas
de que venha um alegre aguaceiro.
Neste havia só um calor seco, escorchante;
mas não quisemos acreditar
nesse rumor que ouvíamos – porque
ele crescia e aumentava e se expandia,
e por causa da indiferença
com que trazia a morte a meu filho.

Setembro de 1941

5

CORAGEM

Sabemos o que agora está em jogo
e o que está agora acontecendo.
A hora da coragem soa em nossos relógios

e a coragem não nos há de desertar.
Não tememos uma barreira de chumbo
nem é amargo ficarmos sem um teto –
desde que te preservemos, língua russa,
grande palavra russa!
Livre e pura te transmitiremos
aos nossos netos, livre do cativeiro
para sempre!

23/2/1942
Tashként

E nos livros, era sempre a última página
a que eu preferia a todas as outras –
quando já não interessavam mais
nem o herói nem a heroína, e já se tinham passado
tantos anos, que ninguém mais sentia pena deles;
o próprio autor parece que já
se esquecera do resto de sua história,
e até mesmo "a Eternidade ficara grisalha",
como já foi dito em um belo livro;
e é agora, é agora mesmo
que tudo está para se acabar, e o autor ficará de novo
irremediavelmente sozinho, embora ainda tente
ser astuto ou sarcástico – que Deus o perdoe! –
experimentando, para o seu livro, um final espetacular,
como este aqui, por exemplo:
     ... E em duas casas apenas
daquela cidade (o nome não está claro)
permaneceu o perfil (que alguém esboçou
na parede caiada de branco)
não de uma mulher, ou de um homem,
mas de algo mais cheio de mistério
e, dizem, quando os raios da lua –
essa lua baixa e esverdeada da Ásia Central –

escorre sobre os muros à meia-noite,
principalmente na véspera do ano-novo,
escuta-se um som quase inaudível
e, embora haja quem nele veja apenas um soluço,
outros afirmam discernir nele palavras;
mas este é um fenômeno que a todos deixa entediados
                                      [por igual;
os forasteiros são poucos; os habitantes da cidade já se
                                      [acostumaram
e afirmam que, em uma dessas casas,
uma tapeçaria já encobre o perfil amaldiçoado.

25/11/1943
Tashként

Estes teus olhos de lince, Ásia,
espiaram algo em mim,
de mim algo latente arrancaram,
algo nascido do silêncio,
opressivo e tão difícil de suportar
quanto o calor do meio-dia em Termez.
Foi como se, da consciência, a pré-memória
irrompesse qual lava derretida,
como se eu bebesse as minhas próprias lágrimas
na palma das mãos de um estranho

1945

Para N. P.

E meu coração já não bate
em minha voz, de alegria ou de tristeza.
Tudo acabou... E minha canção galopa
para dentro da noite vazia onde tu não estás mais.

1953

De "As roseiras silvestres florescem"

4

Primeira canção

O mistério de um não-encontro
tem desolados triunfos:
frases não-ditas,
palavras silenciadas,
olhares que não se cruzaram
nem souberam onde repousar –
só as lágrimas se alegram
por poderem livremente correr.
um roseiral perto de Moscou
– ai meu Deus! – teve tanto a ver com tudo isso...
E a tudo isso chamaremos
de amor imortal.

1956

8

Tu me inventaste. Não há um ser assim,
e nem poderia um ser assim haver.
O médico não cura, o poeta não consola –
uma aparição te assombra dia e noite.
Nós nos encontramos num ano inacreditável
quando as forças do mundo se esgotavam;
tudo estava de luto, murcho pelo infortúnio
e só os túmulos mantinham-se frescos.
Sem as luzes da rua, o Nevá era um breu
e na espessa noite eu estava emparedada...
Foi então que a minha voz te chamou.
Por que ela o fez – ainda não entendo.

Mas vieste a mim, guiado pela estrela,
naquele outono trágico, entrando
naquela casa irremediavelmente arruinada,
de onde fugira um rebanho de versos calcinados.

18/8/1956
Starki

10

Uma vez mais, Outono, meu amigo, estás comigo

I. Ánnenski

Outros, talvez, ainda descansem no sul,
divertindo-se no jardim do paraíso.
Aqui, estamos em pleno norte e, neste ano,
escolhi o outono como meu amigo.

Moro, como em sonhos, numa casa estranha
onde, talvez, eu tenha morrido,
onde tudo o que de estranho a noite traz
fica guardado dentro dos espelhos.

Passeio entre os pinheiros negros, baixos;
aqui, a charneca assemelha-se ao vento.
Este cansado e sujo farrapo de lua
brilha como uma faca enferrujada.

Trouxe para cá lembranças abençoadas
de nosso último encontro, que não houve:
a fria, pura, leve chama
de minha vitória sobre o destino.

1956
Komarôvo

À CIDADE DE PÚSHKIN

E os dosséis protetores de Tsárskoie Seló...
                                        Púshkin

1

Que posso fazer? Eles te destruíram.
Este encontro é mais cruel que separar-se!
Aqui havia um chafariz e as alamedas
e mais adiante verdejava o parque...
A própria aurora aqui era mais rubra.
Em abril, sentia-se o aroma
da terra úmida e do primeiro beijo...

8/11/1945

2

As folhas deste salgueiro morreram no século XIX
para que tivessem, cem vezes mais frescas, o brilho da
[prata.
As rosas converteram-se em purpúreas roseiras
[silvestres,
mas os hinos do Liceu ainda brotam sem desânimo.
Meio século passou... Punida com prêmios pela divina
[sorte,
na inconsciência dos dias me esqueci de como os anos
[fluem –
e não posso mais voltar atrás. Mas levarei comigo, para
[o Letes,
os vivos contornos de meus jardins de Tsárskoie Seló.

4/10/1957
Moscou

Música

Para D. D. Sh.

Algo de miraculoso arde nela,
fronteiras ela molda aos nossos olhos.
É a única que continua a me falar
depois que todo o resto tem medo de estar perto.
Depois que o último amigo tiver desviado o seu olhar
ela ainda estará comigo no meu túmulo,
como se fosse o canto do primeiro trovão,
ou como se todas as flores explodissem em versos.

1957/58

Soneto marinho

Aqui tudo sobreviverá à minha morte,
até mesmo o abrigo do estorninho
e da primavera o leve hálito
que vem flutuando lá do mar.

É a voz da eternidade que me chama
com a força invencível do além,
e sobre as cerejeiras já floridas
a leve lua jorra claridade.

A estrada parece fácil de seguir
alva em seu bosque de esmeralda:
para onde leva eu não lhes direi...

Lá longe, entre os troncos, está claro
e tudo lembra-me a alameda
perto do lago, em Tsárskoie Seló.

Junho de 1958
Komarôvo

Canção de despedida

Não ri e não cantei:
fiquei o dia inteiro calada.
Mais do que tudo queria estar contigo
de novo, desde o começo.
Irrefletida primeira briga,
absoluto e claro delírio;
silenciosa, insensível, rápida,
nossa última refeição.

1959

Jardim de verão

Quero ver as rosas neste jardim único
onde uma grade se ergue sem igual,

onde as estátuas me recordam jovem
e delas me lembro sob as águas do Nevá.

Das tílias no silêncio perfumado
imagino o rangido dos mastros dos navios,

e o cisne, como antes, voga através dos séculos,
admirando o esplendor de sua imagem.

Lá, para sempre, os passos se calaram,
amados, odiados, odiados ou amados.

E o desfilar das sombras não tem fim,
do vaso de granito ao portal do palácio.

Lá minhas noites em claro murmuram bem baixinho
cantando um amor secreto, misterioso.

Jade e madrepérola em tudo se irradiam,
mas a secreta fonte de luz fica escondida.

9/7/1959
Leningrado

DOIS POEMAS PARA ALEKSANDR BLOK
(dos *Três poemas*)

1

Ele tinha razão – uma vez mais a lâmpada, a farmácia,
o Nevá, silêncio, granito...
Como um monumento ao começo do século,
lá se ergue este homem –
Ao despedir-se da Casa de Púshkin,
ele fez um aceno com a mão
e assumiu uma pose de cansaço mortal
como uma imerecida paz.

7/6/1946

2

E se na negra memória escavares,
hás de encontrar as mesmas luvas longas
e a noite de Petersburgo. E na penumbra dos camarotes,
esse aroma adocicado, sufocante.

E o vento no golfo. E lá, entre os versos,
desaparecendo entre ahs! e ohs!,
há de sorrir-te, com desdém, Blok –
esse trágico tenor de nossa época.

1960

Terra natal

*Não há no mundo seres tão sem lágrimas
nem tão simples e orgulhosos quanto nós*

1922

Não a levamos no peito qual secreto escapulário
nem a cantamos em chorosos versos.
Nossos amargos sonhos ela não chega a perturbar
nem nos parece ser o paraíso prometido.
Não a convertemos, bem no fundo da alma,
em algo que se possa comprar ou vender.
Nem mesmo quando enferma, no desastre ou emudecida,
chegamos a nos lembrar dela.
Sim, para nós ela não passa de lama nas galochas,
sim, para nós ela não passa de poeira nos dentes.
E a amassamos, moemos, trituramos,
como se não nos misturássemos a seu pó.
Mas é nela que nos deitaremos, nela nos converteremos,
e é por isso que tão livremente a chamamos "nossa".

1961
Leningrado
No hospital perto do porto

Esboços de Komarôvo

Ó Musa do pranto...

Tsvietáieva

E aqui renunciei a tudo.
A todos os bens terrestres.
O cepo de árvore no bosque converteu-se
no espírito guardião deste lugar.

Todos nós somos um pouco hóspedes desta vida.
Viver é apenas um pequeno hábito.
Parece-me ouvir, nos aéreos caminhos,
o som de duas vozes conversando.

De duas? Mas ainda há, perto do muro leste,
em meio aos robustos pés de framboesa,
a sombra fresca do ramo de sabugueiro.
Esta é uma carta de Marina.

1961
Komarôvo

Uma pequena página da antigüidade

I
A morte de Sófocles

E então o rei compreendeu que Sófocles morrera.
Lenda

Sobre a casa de Sófocles, à noite, uma águia desceu do céu
e o triste lamento das cigarras elevou-se no jardim.
Naquela hora, o gênio já tinha entrado na imortalidade,
escapando das hostes inimigas diante dos muros de sua
[cidade bem-amada.
Foi quando o rei teve aquele estranho sonho:
o próprio Dionísio vinha ordenar-lhe que suspendesse
[o cerco
para que o alarido da guerra não perturbasse os ritos
[funerários
e para que os atenienses pudessem despedir-se dele.

II
ALEXANDRE EM TEBAS

Era certamente feroz, aterrador o jovem rei
ao anunciar: "Aniquilarás Tebas!".
O velho capitão olhou para a orgulhosa
cidade que conhecia tão bem, desde outros tempos.
Tudo, tudo entregue às chamas! E o rei insistia:
as torres, os templos, os portões – a maravilha do mundo.
Mas parou subitamente, pensativo, depois sorriu e disse:
"Mas assegura-te de que seja poupada a Casa do Poeta".

Outubro de 1961
Leningrado
No hospital perto do porto

A ÚLTIMA ROSA

Escreverás sobre nós obliquamente...

I. Bródski

Prosternar-me com a Morôzova,
dançar com a enteada de Herodes,
da pira de Dido subir aos céus com a fumaça,
depois, de novo, voltar na fogueira de Joana.

Estás vendo, Senhor, estou cansada
da vida, da morte e da ressurreição.
Leva tudo de mim; mas desta rosa escarlate
deixa que, uma vez mais, eu sinta o frescor.

9/8/1962
Komarôvo

Versos da meia-noite
(Sete poemas)

O espelho sonha apenas com o espelho,
o silêncio vela sobre o silêncio...

Poema sem herói

No lugar de uma dedicatória

Ando sobre as ondas e me escondo na floresta,
sou esboçada no puro esmalte do céu.
A separação talvez não seja tão difícil,
mas um encontro contigo mal é suportável.

Verão de 1963

1

Elegia no umbral da primavera

... toi qui m'as consolée

Gérard de Nerval

A tempestade de neve calou-se entre os pinheiros.
Mas, bêbado, sem em bebida ter tocado,
lá, como Ofélia, o silêncio
cantou para nós a noite inteira.
E aquele que, se apareceu, foi só para mim,
a esse inteiro silêncio se uniu.
Ao despedir-se, generoso, aqui ficou,
até a morte ficou aqui comigo.

10/3/1963
Komarôvo

2
Primeiro aviso

De que nos importa
que tudo volte ao pó?
Sobre tantos abismos cantei,
em tantos espelhos vivi.
Não sou nem o sonho nem o consolo
e menos ainda o paraíso.
Talvez, mais do que o necessário,
te aconteça de relembrar
o sussurro destes versos que se acalma
e este olhar que oculta, bem lá no fundo,
no tremor de seu silêncio,
uma coroa de enferrujados espinhos.

6/7/1963
Moscou

3
Através do espelho

> *O quae beatam, Diva, tenes*
> *Cyprum et Memphin...*
>
> Horácio

Esta beldade é muito jovem
mas não é deste século.
Não ficamos sozinhos pois a terceira –
ela nunca nos abandona.
Puxas para ela uma cadeira
e eu, generosamente, divido com ela minhas flores...
O que estamos fazendo nem nós mesmos sabemos
mas, a cada momento, mais isso nos assusta...

Como quem saiu da prisão,
sabemos algo um do outro,
algo terrível. Estamos num círculo infernal.
Mas talvez isto não sejamos nós.

5/7/1963
Komarôvo

4

Treze versos

E finalmente pronunciaste a palavra
não como quem se ajoelha,
mas como quem escapa da prisão
e vê o sagrado dossel das bétulas
através do arco-íris do pranto involuntário.
E à tua volta cantou o silêncio
e um sol muito puro clareou a escuridão
e o mundo por um instante transformou-se
e estranhamente mudou o sabor do vinho.
E até eu, que fora destinada
da palavra divina a ser a assassina,
calei-me, quase com devoção,
para poder prolongar esse instante abençoado.

1962

5

O chamado

Em qual das sonatas
eu cuidadosamente te escondi?

Oh! com que ansiedade chamarás,
condenado sem apelação,
porque te aproximaste de mim
ainda que por um só instante...
Teu sonho é desaparecer
lá onde a morte é apenas
um sacrifício ao silêncio.

1/7/1963

6

Visita noturna

Todos partiram e ninguém voltou

Não é no asfalto, de folhas juncado,
    que tu terás de esperar,
mas é no adágio de Vivaldi
    que ainda nos reveremos.
De novo as velas ficarão pálidas
    sob o encanto do sonho;
mas o arco do violino não te perguntará
    como aqui entraste à meia-noite.
Estes instantes hão de fluir com um
    mudo e fatal gemido.
Na palma de minha mão, então, lerás
    os mesmos milagres
e, do fundo de ti, a tua angústia,
    em teu destino convertida,
te afastará da minha porta,
    rumo ao lago gelado.

10 a 13/9/1963
Komarôvo

7
E O ÚLTIMO

Ela pairava sobre nós, como uma estrela sobre o mar,
procurando com um raio a nona onda mortal.
Dor e desventura a chamaste,
mas nunca lhe deste o nome de alegria.

De dia, à nossa volta, voava qual gaivota.
Em nossos lábios desabrochava, num sorriso.
Mas, à noite, as suas mãos geladas sufocavam
a nós dois ao mesmo tempo. Em cidades diferentes.

E sem se impressionar com louvações,
esquecendo os pecados anteriores,
afundava-se no insone travesseiro
murmurando versos amaldiçoados.

23 a 25/7/1963

No lugar de um epílogo

E lá, onde os sonhos formavam-se
para nós dois – sonhos não muito diferentes
iam ficando guardados.
Vimos o mesmo sonho, e havia força nele,
como a chegada da primavera.

1965

POEMAS NÃO-COLIGIDOS
(*Niesobrânnye Stikhotvoriênnia*)

IMITADO DO ARMÊNIO

Aparecerei em teus sonhos como uma ovelha negra
de pernas mirradas e inseguras
e me aproximarei de ti balindo e chorando:
"Ceaste regiamente, Padixá?
Tens o universo nas mãos como a conta de um rosário,
a vontade de Alá te abençoa radiosa...
Achaste gostoso o meu pobre filhote?
Ele te agradou, a ti e aos teus filhos?"

Da década de 1930

UM POUCO DE GEOGRAFIA

Para O.M.

Não foi numa capital européia,
primeiro prêmio de beleza –
mas rumo ao horrível exílio do Ienissêi,
etapa para, depois, ir a Tchitá,
a Ishím ou à árida Irguíz
e à célebre Átbassar,
seguindo dali para a Cidade Livre,
no fedor das enxergas gangrenadas –,
que esta cidade me apareceu,
no azul da meia-noite,
ela que foi cantada pelo primeiro dos poetas,
por nós pecadores e por ti.

1937

Estrofes

Lua de Sagitário. Além do Moskvá. Noite.
Como uma procissão vão-se embora as horas da
                                [Semana Santa.
Tive um sonho horrível. Será possível
que ninguém, ninguém, ninguém possa ajudar-me?

É melhor não viver no Kremlin – os Preobajênski é que
                                  [tinham razão –
os micróbios da antiga loucura ainda infestam o lugar:
o medo selvagem de Borís e todo o rancor de Ivan
e a arrogância do Impostor – em vez dos direitos do povo.

1940

Resposta tardia

Minha negra princesa das brancas mãos

M. Ts.

Invisível, dúbia, brincalhona,
tu que te escondes nos negros arbustos
e te encolhes no abrigo do estorninho,
tu que ressurges nas cruzes depredadas
e gritas do alto da torre Marinkina:
"Hoje estou voltando para casa.
Estimai-me, campos meus natais,
pelo que me aconteceu:
o abismo engoliu os meus parentes,
a casa de meu pai se arruinou."
Juntas, hoje, nós vamos, Marina,
Moscou afora, pela noite adentro.
E como nós seguem-nos milhões,

no mais silencioso dos cortejos,
enquanto em volta tange o sino fúnebre
e geme intenso o turbilhão de neve,
de nossos passos recobrindo a marca.

16/3/1940
Casa Fontán
Krásnaia Konítsa

FRAGMENTOS ÉPICOS E DRAMÁTICOS E POEMAS LONGOS
(*Epítcheskie i Dramatítcheskie Fragmênty i Poémy*)

Das "Elegias do norte"

Primeira
Pré-história

Já não moro mais lá...
Púshkin

A Rússia de Dostoiévski. A lua,
quase um quarto escondida pela torre do sino.
Os bares estão apinhados, as carruagens voam.
Na Górokhovaia, perto da Známienia e da Smólny,
enormes monstruosidades de cinco andares estão
[crescendo.
Aulas de dança por toda parte, placas de casas de câmbio,
uma fila de lojas: "Henriette", "Basile", "André"
e magníficos esquifes: "Shumílov Pai".
Com tudo isso, a cidade mudou pouco.
Não só eu, outros também
notaram que, às vezes,
ela se parece com uma litografia antiga,
não de primeira classe, mas bastante razoável,
da década de Setenta, eu suponho.

    Especialmente no inverno, antes da aurora,
    ou no crepúsculo – aí, por trás de seus portões,
    o bulevar Litêiny se escurece, rígido, reto,
    ainda não descaracterizado pelo Moderno;
    do outro lado da rua, vivem Niekrássov e
    [Saltikóv...

                    Cada um com a sua placa
            comemorativa. Oh, como eles ficariam
                                [horrorizados
            se vissem essas placas! Sigo em frente.
E as esplêndidas valas na Stáraia Russa,
e os caramanchões decaídos nos jardinzinhos,
e uma vidraça negra como um buraco no gelo.
Parece que por aqui acontecem coisas
que é melhor nem olhar. Vamos embora.
Nem todo lugar concorda
em revelar os seus segredos
(e também não irei mais à Optina).

O roçagar dos vestidos, os padrões axadrezados,
a moldura de nogueira dos espelhos
encantados com a beleza da Karenina
e, no corredor estreito, o papel de parede
de que tanto gostávamos quando crianças,
à luz amarelada do lampião de querosene,
e o mesmo estofado macio nas poltronas...
            Tudo desarrumado, desalinhado, de qualquer
                                        [jeito...
            Pais e avós ininteligíveis. Terras
            hipotecadas. E em Baden – a roleta.

E uma mulher de olhos translúcidos
(de um azul tão escuro que era impossível
não pensar no mar ao contemplá-los)
com o mais raro dos nomes e as mãos tão brancas,
e uma delicadeza que pareço
ter recebido dela em herança –
dom tão inútil nesta minha vida dura.

O país estremece e o condenado de Omsk
a tudo compreendeu muito bem, fazendo

sobre todos o sinal-da-cruz.
Ei-lo que a tudo embaralha
e, sobre esse caos primordial,
qual espírito protetor, se ergue. Meia-noite soa.
Sua pena range e, página após página,
recende à Praça Semiônov.
Foi nesse momento que escolhemos nascer,
cronometrando tudo à perfeição
de modo a não perdermos os cortejos
que ainda estavam por vir,
e à não-existência dando adeus.

3/9/1940
Leningrado
Outubro de 1943
Tashként

Terceira

Eu, como um rio,
fui desviada por estes duros tempos.
Deram-me uma vida interina. E ela pôs-se a fluir
num curso diferente, passando pela minha outra vida,
e eu já não reconhecia mais minhas próprias margens.
Oh, quantos espetáculos perdi,
quantas vezes o pano ergueu-se
e caiu sem mim. Quantos de meus amigos
nunca encontrei uma só vez em toda a minha vida,
e quantas paisagens de cidades
poderiam ter-me arrancado lágrimas dos olhos;
mas só conheço uma cidade neste mundo
embora nela fosse capaz de achar meu caminho até
                                    [dormindo;
e quantos poemas nunca cheguei a escrever,
e seus refrões misteriosos pairam à minha volta

e, talvez, de algum jeito, acabem por
me estrangular...
Estão claros, para mim, o começo e o fim,
e a vida depois do fim, e mais algumas coisas
de que não tenho de me lembrar por enquanto.
Uma outra mulher ocupou
o lugar especialmente reservado para mim
e usa o meu nome,
deixando para mim só o apelido, com o qual
fiz, provavelmente, tudo o que havia para ser feito.

Não me deitarei, ai de mim, em meu próprio túmulo.
Mas, às vezes, o vento brincalhão da primavera,
ou certas combinações de palavras em um livro,
ou o sorriso de alguém suscita em mim,
de repente, essa vida que nunca aconteceu.
Neste ano, houve tais e tais coisas,
naquele ano, aquelas outras: viajar, ver, pensar
e lembrar, e entrar em um novo amor
como dentro de um espelho, com a leve consciência
da traição e de que, ontem, ainda não estava ali
aquela ruga.
....
Mas se eu pudesse observar de fora
a pessoa que hoje sou,
aí sim, aprenderia finalmente o que é a inveja.

2/9/1945
Leningrado

Quarta

Há três épocas para a lembrança.
A primeira é como o dia que passou.
A alma, sob sua cúpula, sente-se abençoada

e o corpo em sua sombra se compraz.
O riso ainda não cessou, as lágrimas escorrem,
a mancha de tinta na mesa ainda não se apagou –
e, como um selo no coração, repousa o beijo
de despedida, único, inesquecível...
Mas isso não dura muito...
Já não há mais cúpula no alto; apenas, em algum lugar,
num subúrbio distante, uma casinha solitária
onde, no inverno, faz frio e, no verão, calor,
onde há aranhas e o pó recobre tudo,
onde caem em pedaços as cartas inflamadas
e os retratos vão imperceptivelmente mudando;
ali, os outros vêm como se ao cemitério
e, ao voltar para casa, lavam-se com sabão,
expulsam uma fugidia lágrima
das pálpebras cansadas – e dão um pesado suspiro...
Mas o relógio ainda bate, as primaveras se sucedem
uma depois da outra, o céu rosado fica,
as cidades mudam de nome,
e já não há mais testemunhas do passado,
já não há mais com quem chorar, com quem lembrar.
Devagarzinho, abandonam-nos as sombras,
que já não invocamos mais
pois o seu retorno poderia assustar-nos.
E um dia, ao despertar, descobrimos ter esquecido
o caminho para ir a essa casinha solitária.
Sufocando de raiva e de vergonha,
corremos para lá, mas (como acontece nos sonhos)
tudo está mudado: os homens, as coisas, as paredes,
e ninguém mais nos reconhece – somos estranhos,
nem a nós mesmos encontramos lá... Meu Deus!
E é aí que cresce a amargura:
sabemos que já não há mais lugar
para esse passado nas fronteiras de nossa vida;
que, para nós, ele já é quase tão indiferente

quanto para o nosso vizinho de apartamento;
que os mortos, já nem os teríamos mais reconhecido;
que aqueles de quem Deus nos separou
passaram muitíssimo bem sem nós – e que, até mesmo,
do jeito que está, está tudo bem...

5/2/1945
Leningrado

POEMA SEM HERÓI
UM TRÍPTICO
(*Poéma biez Gueróia: Tríptikh*)
1940-1962
Leningrado – Tashként – Moscou

Di rider finirai pria dell'aurora.

Don Giovanni

No lugar de um prefácio

DEUS CONSERVAT OMNIA

(Divisa no brasão de armas da Casa Fontán)

Alguns foram embora, outros estão distantes.

A primeira vez que este poema me ocorreu foi na noite de 27 de dezembro de 1940, na Casa Fontán, tendo-me sido mandado, naquele outono, um pequeno fragmento como mensageiro.

Não o invoquei. Nem ao menos o esperava, naquele dia frio e escuro de meu último inverno em Leningrado.

Sua aparição fora precedida por fatos pequenos, fatos insignificantes, que nem sequer vou chamar de acontecimentos.

Naquela noite, anotei duas seções da parte I ("1913" e a "Dedicatória"). No início de janeiro, quase que para a minha surpresa, escrevi "O outro lado da moeda" e, no Tashként (de duas vezes), o "Epílogo", que se transformou na terceira parte do poema. Fiz também várias inserções substanciais nas duas primeiras partes. Continuei a trabalhar no poema depois de voltar a Leningrado, isto é, após 1º de junho de 1944.

Dedico este poema à memória de sua primeira platéia – meus amigos e concidadãos que morreram em Leningrado durante o cerco.

Ouço suas vozes e lembro-me deles quando leio alto o poema; para mim, esse coro invisível é uma duradoura justificativa da obra.

8 de abril de 1943
Tashként

Freqüentemente ouço várias interpretações falsas e absurdas do *Poema sem herói*. Já me recomendaram que o tornasse mais claro.

Evitarei fazer isso.

O poema não tem nenhum terceiro, sétimo ou vigésimo nono sentido.

Não o mudarei nem hei de explicá-lo.

"O que está escrito – está escrito."

Novembro de 1944
Leningrado

Primeira dedicatória

Em memória de Vs. K.

....
... e porque não tenho papel suficiente,
estou escrevendo em meu primeiro rascunho.
E, aqui, uma palavra estranha se mostra
e, como um floco de neve que há tempos eu tivesse na mão,
 derrete confiantemente, sem uma só queixa.
E as negras pestanas de Antinous
Erguem-se de súbito – e havia um brilho esverdeado
E o vento de nossa terra natal começava
    a soprar...

Não será o mar?
>Não, são apenas agulhinhas de pinheiro
sobre um túmulo, chegando mais perto,
cada vez mais perto...
>>Marche Funèbre...
>>>Chopin...
>>>*27 de dezembro de 1940*
>>>*Casa Fontán*

>*Segunda dedicatória*

>>>O.A.G.-S.

És tu, Confusão-Psiquê,
>agitando teu leque branco e preto,
>>inclinando-te para mim?
Queres contar-me, em segredo,
>que já estás do outro lado do Letes,
>>respirando em outra primavera.
Não precisas ditar para mim, posso ouvi-lo eu mesma:
>uma cálida chuvarada cai no telhado,
>>posso ouvir a hera sussurrando.
Alguém bem pequeno decidiu viver,
>desabrochou e vai tentar,
>>amanhã, brilhar em seu casaco novo.
Adormeço –
>ela apenas flutua acima de mim,
a que todos chamam de primavera
>e que eu chamo de solidão.
Adormeço –
>>sonho com a nossa juventude,
>a taça que ele não chegou a beber:
>>ao acordar, eu a darei a ti,
se quiseres, como uma lembrança,

como uma pura chama num pratinho de cerâmica,
ou um punhado de neve num túmulo escancarado.

25 de maio de 1945
Casa Fontán

Terceira e última

Uma vez, na véspera da Epifania...
Júkovski

Tempos atrás eu congelei de medo,
   é melhor invocar a Chacona de Bach
     e, atrás dela, há de entrar um homem,
ele não será para mim o esposo bem-amado,
   mas o que realizamos, ele e eu,
     há de perturbar o Século Vinte.
Tomei-o, por engano,
   por alguém que me fora misteriosamente concedido,
     o mais amargo dos destinos.
ele há de vir até mim, no Palácio da Fontán,
   para beber o vinho do Ano Novo
     e se atrasará, nessa noite nevoenta.
E se lembrará da véspera da Epifania,
   do bordo na janela, das velas nupciais
     e do vôo mortal do poema...
Mas não é o primeiro raminho de violetas,
   nem um anel, nem a doçura das orações –
     é a morte que ele carrega.

5 de janeiro de 1956
(Le Jour des Rois)

Introdução

DO ANO DE MIL NOVECENTOS E QUARENTA,
DO ALTO DE UMA TORRE A TUDO OBSERVO,
COMO SE DE NOVO ME DESPEDISSE
DAQUILO DE QUE JÁ ME SEPAREI HÁ
[TANTO TEMPO,
COMO SE FIZ ESSE O SINAL-DA-CRUZ
E DESCESSE AOS MAIS NEGROS
[SUBTERRÂNEOS

25 de agosto de 1941
Na Leningrado sitiada

PRIMEIRA PARTE

O ANO DE MIL NOVECENTOS E TREZE — UM CONTO DE SÃO PETERSBURGO

PRIMEIRO CAPÍTULO

A festa do ano-novo se espraia preguiçosa,
– Os caules das rosas do ano-novo estão úmidos

Rosário

Com Tatiana não tiraremos a sorte...

Púshkin

In my hot youth – when George the Third was king...

Byron

Noite de ano-novo. Casa Fontán. Em vez de quem esperava, a autora recebe a visita de sombras do ano de 1913, fantasiadas como foliões. Uma branca galeria de espelhos. Uma digressão lírica – o "Hóspede do Futuro". Mascarada. Um poeta. Uma visão.

Acendi as velas consagradas
    para que esta noite rebrilhasse
        e, contigo, que a mim não vieste,
            irei ao encontro do ano quarenta e um.

Mas...
    que a força do Senhor esteja conosco!
        a chama mergulha em seu cristal

"por que o vinho, qual veneno, arde".
Ouvem-se farrapos de ásperas conversas
   ao ressuscitarem antigos desejos,
     mas o relógio ainda não soou...
Tomada por angústia sem limites,
   eu mesma, qual fantasma na soleira,
     vigio meus últimos restos de sossego.
E ouço a insistente campainha
   e começo de repente a suar frio,
     viro pedra, ardo e me congelo...
E como se de alguma coisa me lembrasse,
   virando-me meio de lado para eles,
     digo-lhes baixinho:
"Vocês se enganaram: a Veneza dos doges –
   é na porta ao lado... Mas essas suas máscaras,
     casacos, bastões e coroas
hoje vocês têm de deixar aqui no saguão,
   pois decidi cantar os seus louvores,
     malandros do ano-novo!"
Este é Fausto, aquele é Don Juan,
   Dapertutto, Iokanaan,
     e o mais modesto deles é o Glahn do norte
       ou o assassino Dorian Gray,
         e todos sussurram às suas Dianas
          lições duramente aprendidas.
           Alguém com um tambor abre
            [caminho
             para a Ninfa de pés de
              [bode.
Para eles dividiram-se as paredes,
   brilharam as luzes, urraram as sirenes
     e, como uma cúpula, escancarou-se o teto.
Não temo a publicidade!
   que tenho eu a ver com as ligas de Hamlet?

        que tenho eu a ver com os turbilhões da dança
                                  [de Salomé
          ou com o jeito de andar do Máscara de Ferro?
            Sou bem mais de ferro do que eles...
De quem é a vez de se assustar,
   de vacilar, recuar, desistir
      e pedir perdão por um antigo pecado?
Está muito claro:
      se não é a minha, de quem é então?
   Esta ceia não foi preparada para eles
      e não hão de seguir comigo este caminho.
Olha, um deles escondeu o rabo sob a cauda do fraque...
      É tão elegante! mas manca...
                  No entanto...
     Espero que não tenham ousado
        trazer aqui o Príncipe das Trevas!...
Máscara, caveira ou semblante –
   há nele uma perversa expressão de dor
     que só Goya ousou representar.
Bajulador e escarnecedor de todos nós –
   diante dele, o mais sórdido dos pecadores
     é a graça personificada...

Alegrar-me – devo alegrar-me assim! –
   mas por que, dentre eles todos,
      tive de ser a única a ainda estar viva?
Amanhã de manhã vou acordar
   e ninguém me condenará e, através da vidraça,
     o azul do céu há de rir para mim.
Mas agora tenho medo: vou entrar lá
   sem tirar o meu xale de renda.
      Sorrirei para eles e ficarei calada.
Com aquela que fui outrora,
   e que usava um colar de ágatas negras,
     até chegarmos ao vale de Josafá

                  não quero encontrar-me novamente...
Nosso tempo já não está acabando?...
    Esqueci as suas lições,
        demagogos e falsos profetas!
            mas vocês não se esqueceram de mim.
Assim como o futuro amadurece no passado,
    o passado apodrece no futuro –
        terrível festival de folhas mortas.

S	*O som de passos que não existem*
A	*sobre o assoalho encerado,*
L	*e a fumaça azulada do charuto.*
A	*E em todos os espelhos, o reflexo*
	do homem que não apareceu
B	*e nem poderia aparecer neste salão.*
R	*Nem melhor nem pior do que os outros.*
A	*Mas não sopra nele o gelo do Letes:*
N	*ainda são mornas as suas mãos.*
C	*O Hóspede do Futuro! Quem sabe se*
A	*de algum jeito ele ainda virá,*
	virando à esquerda ao sair da ponte?

... Desde menina temi os mascarados:
    sempre tive a impressão de que
        alguma sombra supérflua,
em meio a eles, "sem rosto e sem nome"
    haveria de se insinuar...
        Vamos fazer a chamada
    neste alegre dia de ano-novo!
Este meu conto de Hoffmann da meia-noite,
    não é a todo mundo que hei de contá-lo,
        mas aos outros perguntarei...
                Espera!,
não pareces estar na lista
    dos Cagliostros, dos magos, das Lysiscas –

                    vestido como um marco listrado à beira da estrada,
espalhafatosamente pintado –
tu...
   Contemporâneo do carvalho de Mamre,
      antigo interlocutor da lua.
         Teus gemidos fingidos não mais nos enganam!
Escreves férreas leis:
   os Hamurabis, Licurgos e Sólons
      teriam muito a aprender contigo.
         Esta criatura é uma personagem estranha:
não espera que a gota e a fama
   a elevem a uma esplêndida cadeira gestatória
      mas, em meio às urzes florescentes
         e aos espaços desertos, carrega
            o seu triunfo.
E de nada é culpada: nem disto,
   nem daquilo, nem daquilo outro...
                  Poetas
   e pecados nunca andam juntos.
Ou dançam diante da Arca da Aliança
   ou desaparecem!
            E pronto! Aliás,
   os versos o dizem melhor.
Para nós, o canto do galo não passa de um sonho.
   Além da janela, o Nevá fumega.
      A noite é incomensurável – e, em vagas sucessivas,
         lá se vão as diabruras de Petersburgo...
Pelas delgadas janelas não vemos estrela alguma.
   A Morte está aqui por perto, em algum lugar,
                     [naturalmente,
      mas, sem nem darem-se conta disso,
         despreocupados, sem vergonha,
            os mascarados continuam em sua dança...
Um grito:
   "Abram alas ao herói!"

Não se preocupem: agora, certamente, ele virá
    tomar o lugar do grandalhão desajeitado
      e cantar a sagrada vingança...
Por que é que vocês saem todos correndo juntos,
    como se cada um tivesse arranjado uma namorada,
      e me deixam aqui, cara a cara,
na penumbra, com esta negra moldura,
    de dentro da qual me encara o que, para mim, tornou-se
      o mais amargo dos dramas,
          que ainda não consegui expiar?

É devagar que ele me inunda.
Como uma frase musical,
ouço um sussurro: "Adeus, é hora,
vou deixar-te viva,
mas serás a minha viúva,
tu – pomba, sol, irmã!"
Na praça, duas sombras se fundem,
depois... os degraus da escadaria,
um grito: "Não precisava!" e, de longe,
a voz bem clara: "Estou pronto para morrer".

As tochas se apagam, o teto baixa. A branca galeria de espelhos se transforma de novo no quarto da autora. Palavras vindas da escuridão:

A morte não existe – todos sabem;
    é banal ficar repetindo isso.
        Mas então, o que é que existe? – eles que me digam.
Quem bate?
        Estão todos aqui.
    Será o visitante de detrás do espelho? Ou
    aquele que, de repente, mostrou a cara
               na janela?...
Será uma brincadeira da lua nova

ou há mesmo alguém, de novo,
de pé entre a cristaleira e o fogão?
O rosto está pálido, os olhos esbugalhados...
Quer dizer que as pedras do túmulo são frágeis,
quer dizer que o granito é mais macio do que a cera...
Bobagem, bobagem, bobagem! – com bobagens assim,
daqui a pouco estarei grisalha
ou mudarei completamente.
Por que acenas para mim com a tua mão?
Por um momento de paz
eu trocaria o descanso eterno.

Do outro lado da praça
Interlúdio

Em algum lugar perto daqui ("... sem nem darem-se conta disso, despreocupados, sem vergonha, os mascarados continuam em sua dança...) versos assim passeavam à minha volta, mas eu não os deixava entrar em meu texto.

"Eu lhe garanto, todo mundo sabe...
és uma criança, Signor Casanova..."
"Na praça de Santo Isaac, às seis em ponto..."
"De alguma forma conseguiremos no escuro,
vamos até 'O Cachorro'..."
"E quanto a vocês?" –
"Só Deus sabe!"
Sancho Panças e Dom Quixotes
e, infelizmente, também alguns Lots vindos de Sodoma,
estão provando o suco mortal,
Afrodites erguem-se da espuma,
Helenas rebrilham nos espelhos,
e o tempo da loucura se aproxima.

E uma vez mais, da Gruta do Fontanka,
    de onde vêm langorosos gemidos de amor,
        alguém, andrajoso e de rubros cabelos,
            sai, guiando uma ninfa com pés de bode,
                através dos portões espectrais.
A mais bem vestida e a mais alta de todas –
    embora não nos ouça e não nos veja –
        não blasfema, não implora e nem respira,
            é a cabeça de madame de Lamballe.
E a mais bonita, a mais esperta,
    tu, sapateando a dança do bode,
        uma vez mais ronronas, lânguida, baixinho:
"*Que me veut mon Prince Carnaval?*"

E, simultaneamente, nas profundezas da sala, no palco, no inferno, ou no pico do Monte Brocken de Goethe, ela aparece (ou será a sua sombra?):

Como pequenos cascos, as suas botas batem no chão,
    como guizos, seus brincos ressoam,
        cristalinas trompas em seus braceletes,
            embebedados com sua dança maldita –
como se, das negras figuras de um vaso,
    ela corresse para a onda azulada,
        tão despudoradamente desnuda.
E, usando o capacete e o casaco comprido, vindo atrás dela,
    tu, sem máscara, entras aqui,
        tu, Ivánushka do velho conto de fadas.
            O que te está atormentando hoje?
Tanta amargura em cada palavra,
    tão sombrio é esse teu amor,
        e por que a pétala de tua bochecha
            vem maculada por esse filete de sangue?

Segundo capítulo

Ou vês, ajoelhado a teus pés,
Aquele que quebrou o feitiço da morte branca?

A voz da memória, 1913.

O quarto da Heroína. Uma vela está queimando.
Acima da cama há três retratos da dona da casa. No da
direita, ela é a Ninfa dos Pés de Bode; no centro, a Con-
fusão-Psiquê. O retrato da esquerda está na sombra. Há
quem ache que é Colombina, outros, Donna Anna (da peça
"Os passos do Commendatore"). Do lado de fora da janela
da mansarda, criados mouros estão jogando bolas de neve.
Tempestade de neve. Véspera de Ano-Novo, à meia-noite.
Confusão-Psiquê ganha vida, desce do retrato e imagina
uma voz que está lendo:

Abre teu casaco de pele debruado de seda!
   Não te irrites comigo, Pombinha,
      porque eu também toquei esta taça;
        é a mim que eu culpo, não a ti.
De qualquer maneira, está próximo o dia do
                      [reconhecimento –
   vê, lá, em meio à tormenta de flocos de gelo,
      os empregadinhos mouros de Meyerkhold,
         iniciando uma vez mais os seus jogos?
            E à nossa volta a antiga cidade de Piter
               cuja gente se agasalhava com peles finas
                  (como se costumava dizer naquela
                                [época) –
com suas filas de carruagens, arnezes, crinas,
   em aquarelas cor de rosa-chá,
      sob uma nuvem de asas de corvos voejantes.
Mas sobre o palco do Maríinski a prima-dona
   flutua, fingindo sorrir,

tu – nosso inescrutável cisne –
    e um esnobe, chegando atrasado, faz uma
                                    [brincadeira.
O som da orquestra, como se viesse de outro mundo –
    (a sombra de alguma coisa despontou em algum lugar),
    não correu um estremecimento entre as fileiras
        como uma premonição da aurora?
E uma vez essa voz familiar,
    ecoando como um trovão na montanha –
    nossa glória e nossa vitória!
Enche os nossos corações de tremor
    e, sobre as terras sem estradas em que flutua,
        sobre as nações que a nutriram.
Gravetos sobre a neve de um branco azulado...
    O corredor dos Doze Colégios
        é interminável, reto, vazio.
(Tudo é possível,
    mas quem anda ali agora
        terá de sonhar teimosamente com ele.)
O *finale* está risivelmente a nosso alcance:
    por trás de cortinas, a máscara de Petrúshka,
        em torno das fogueiras a dança dos cocheiros,
            sobre o palácio a bandeira amarela e negra...
Todos os de quem necessitamos estão em seu lugar:
    do Jardim de Verão, o quinto ato
        escorre... O fantasma do inferno de Tsushima
            também está aqui. – Um marinheiro bêbado
                                        [boceja.
Como é festivo o som dos guizos nos trenós,
    e a manta de pele de bode se arrasta atrás deles...
        Sombras, vão embora! – Ele está lá sozinho.
Seu aquilino perfil contra a parede.
    Minha beleza, teu paladino é
    Mefistófeles ou Gabriel?
O próprio demônio com o sorriso de Tâmara,

mas uma tal feitiçaria se dissimula
nessa terrível face enfumaçada:
Carne quase transformada em espírito
e um clássico cachinho por cima da orelha –
tudo, neste visitante, é misterioso.
Foi ele quem, naquele salão superlotado,
mandou a rosa negra dentro da taça
ou tudo não passou de um sonho?
E não foi ele quem se esgueirou – com olhos mortos,
com a alma morta – para dentro da casa amaldiçoada
onde se encontrou com o Comendador?
E as próprias palavras dele relatam
que vocês dois estavam em um espaço novo,
que vocês estavam além do tempo –
e em tais cristais polares,
e em tais brilhos ambarinos
lá, na embocadura do Letes-Nevá.
Fugiste do retrato
e a moldura vazia, na parede, há de esperar
por ti até a alvorada.
Hás de dançar – sem um parceiro.
Quanto ao papel do coro fatal
este eu aceito desempenhar.

> *Em tuas faces há manchas escarlates:*
> *É melhor voltar para a tua tela;*
> *Pois este é o tipo de noite*
> *Em que temos de pagar as nossas dívidas...*
> *E essa tontura que nos deixa entorpecidos*
> *É, para mim, mais pesada do que a morte.*

...Vieste à Rússia de parte alguma,
oh minha maravilha de cabelos cor de trigo,
a Colombina da década de mil novecentos e dez!
Por que é teu olhar tão agudo e perturbado?

Boneca de São Petersburgo, atriz,
 tu – és um de meus duplos.
A teus outros títulos, devemos acrescentar
 este. Ó companheira dos poetas,
  herdei a tua fama,
aqui, à música do metro maravilhoso
 da ventania de Leningrado,
  e à sombra do cedro precioso
   vejo a dança dos esqueletos cortesãos...
As velas nupciais gotejam,
 velados são esses ombros dignos de serem beijados,
  o templo troveja: "Vem, ó Inocente!"
Montanhas de violetas de Parma em abril –
 e esse encontro na Capela Maltesa,
  como a perdição dentro de teu peito.
É uma visão da Idade de Ouro
 ou um negro crime
  vindo do terrível caos de dias que há muito se foram?
Pelo menos agora responde-me:
      pode ser
  que em certo tempo tenhas realmente vivido?
   Teus perturbadores pezinhos
    atravessavam as praças pavimentadas
     [com tacos?...
Tua casa era mais ruidosa do que um vagão de circo,
 decrépitos cupidos montavam guarda
  ao altar de Vênus.
Não engaiolavas teus pássaros canoros,
 mantinhas teu quarto aberto como um porto,
  o alegre *skobar* não haveria de reconhecer
   sua vizinha, a rapariga da aldeia.
Escadas de espiral escondidas nas paredes,
 e santos dependurados nos muros cor de anil –
  e esses bens foram semi-roubados...
Toda coberta de flores, como a *Primavera* de Botticcelli,

recebias teus amigos na cama,
    e o dragão Pierrot atormentava-se com isso –
o mais supersticioso de todos os que estavam
                [apaixonados por ti,
    ele, com um sorriso de vítima escolhida para o
                [sacrifício,
    para ele eras como o ímã é para o aço,
empalidecendo, ele vê, através de suas lágrimas,
    como te estão trazendo rosas
    e como é famoso o seu rival.
Não vi teu marido,
    eu, a rima que apertava o nariz contra a vidraça...
        Ouve, lá está o relógio da fortaleza tocando...
Não marco com cruzes as portas das casas –
    vem cá, corajosamente, a meu encontro –
    teu horóscopo foi tirado já faz muito tempo...

Terceiro capítulo

> *E sob o arco da Galiérnaia...*
>
> A. Akhmátova

> *E em Petersburgo voltamos a nos encontrar
> como se lá tivéssemos enterrado o sol*
>
> O. Mandelshtám

> *Foi no ano passado...*
>
> M. Lozínski

Petersburgo, 1913. Uma digressão lírica: últimas reminiscências de Tsárskoie Seló.
O vento, lembrando ou profetizando, murmura:

Fogueiras aqueciam a noite de Natal
    e as pontes transbordavam de carruagens

    e toda essa cidade funerária
navegava para um rumo não sabido
  ou pelo Nevá abaixo ou rio acima,
    fugindo para bem longe dos sepulcros.
Na Galiérnaia, negro erguia-se o arco,
  no Jardim de Inverno esganiçava o cata-vento
    e um crescente claro e prateado
      iluminava nossa Idade de Prata.
Porque, ao longo de todos os caminhos,
  porque, ao longo de todos os umbrais
    a sombra escorria devagar –
o vento arrancava os cartazes das paredes,
  a fumaça inventava danças cossacas nos telhados
    e as violetas cheiravam a cemitério.
Amaldiçoada pela tsaritsa Avdótia,
  dostoievskiana e possessa,
    a cidade mergulhava em suas névoas
e, de novo, emergia das trevas,
  a velha e boêmia Petersburgo!
    Como antes da execução, soava o tambor.
O tempo todo, no ar enregelado,
  lascivo, ameaçador, de antes da guerra,
    pairava um rumor incompreensível.
Mas desta vez, um som quase inaudível
  mal conseguia aflorar o ouvido
    e perdia-se na neve, junto ao rio,
como se, no espelho de uma noite terrível,
  cada homem parecesse endemoniado
    sem querer em si mesmo conhecer-se,
enquanto, pelos legendários cais,
  o autêntico – não o do calendário –
    Século Vinte avançava.

    E agora é ir para casa depressa
    pela Galeria Kamerônaia,

para o gelado jardim misterioso
onde as quedas d'água se calaram
e as nove gostarão de me rever
como houve um tempo em que também gostavas.
Lá, além da ilha e do jardim,
nossos olhares hão de se encontrar,
nossos olhos tão claros quanto antes,
e vais-me dizer, uma vez mais,
a palavra
        que derrota
                a morte
e o enigma desta minha vida?

Quarto e último capítulo

> *O amor declinava e as mortais feições*
> *tornavam-se mais próximas e mais claras.*
>
> Vs. K.

Um canto do Campo de Marte. Uma casa construída no início do século XIX pelos irmãos Adamini. No bombardeio de 1942, ela será atingida diretamente. Uma fogueira crepita. Ouvem-se os sinos da Igreja de Nosso Salvador Ensangüentado. No Campo, através da tempestade de neve, a aparição de um baile no palácio. No intervalo entre esses sons, o próprio Silêncio fala:

Quem está de pé, congelado, diante da janela às escuras,
    tendo junto do coração "o cacho amarelo pálido",
      e a escuridão diante dos olhos?
"Socorro, ainda não é tarde demais!
    Nunca foste tão gelada
      nem tão estranha, ó noite!"
O vento vem carregado de sal do Báltico,

tempestades de neve dançam no Campo de Marte
e cascos invisíveis ressoam...
cresce a ansiedade daquele
a quem restou tão pouco,
que só pede a Deus pela morte
e será eternamente esquecido.
Passada a meia-noite, ele perambula debaixo das janelas,
o tênue raio da lâmpada na esquina
o faz impiedosamente ir adiante –
e a sua espera foi recompensada. A elegante mascarada
que retorna da "Estrada para Damasco"
está voltando para casa... e não vem sozinha!
Está com alguém que "não tem face e nem nome..."
e, através das oscilantes labaredas da fogueira
ele espiona a inequívoca despedida –
Os prédios desmoronam
e um soluço dilacerante responde:
"Tu, Pomba, irmã, luz da minha vida!
Hei de te deixar viva,
mas serás a *minha* viúva
e agora...
chegou a hora de dizer adeus!"
A esplanada cheira a perfume,
e o corneteiro dos dragões, com seus versos
e, dentro do peito, a mais sem sentido das mortes,
vai tocar a campainha se, para isso, tiver coragem
[suficiente...
passará seu último momento
a te glorificar.
E veja:
não há de ser nos amaldiçoados pântanos de Mazur
e nem nas azuladas alturas dos Cárpatos...
é em tua soleira que ele está.
Atravessado nela.
Deus te perdoe!

De todas maneiras que um poeta tem para morrer,
Rapazinho tolo, foi esta que ele escolheu –
Não podia suportar o primeiro insulto,
Não sabia em que soleira de porta
Se achava e nem que estrada
Abria-se à sua frente e o esperava...

Sou eu, a tua antiga consciência,
    Sou quem encontrou a história calcinada
        e, no beiral da janela,
            na casa dos que já se foram,
                a coloquei –
                      e, depois, me afastei na ponta dos pés.

Epílogo

ESTÁ TUDO EM ORDEM: AQUI DEIXO O POEMA
E, COMO DE HÁBITO, ELE FICA EM SILÊNCIO
MAS, E SE DE REPENTE UM TEMA IRROMPE DELE,
BATE NA JANELA COM O SEU PUNHO –
E, DE MUITO LONGE, RESPONDENDO A SEU APELO,
VÊM OS SONS TERRÍVEIS
DE VOZES ROUCAS, GEMIDOS E GRITOS
E A VISÃO DE BRAÇOS CRUZADOS SOBRE O PEITO?...

SEGUNDA PARTE

O outro lado da moeda
Intermezzo

My future is my past.

Bebo das águas do Letes.
Meu médico me proibiu a desesperança.

Púshkin

Cenário: a Casa Fontán. Época: 5 de janeiro de 1941.
Na janela, o espectro de um bordo coberto de neve. A arle-
quinada infernal do ano de 1913 acabou de passar, desper-
tando do silêncio a época e deixando atrás de si os detritos
a qualquer feriado ou procissão fúnebre – a fumaça das
tochas, flores pisoteadas, lembranças sagradas para sempre
perdidas... O vento está uivando na chaminé do aquecedor
e, nesse uivo, podem-se adivinhar as estrofes seguintes.
É melhor nem pensar no que aparece nos espelhos.

...um arbusto de jasmim
lá onde Dante andou, e o ar estava vazio.

N.K.

1

Meu editor estava descontente.
 Jurando para mim que estava doente e muito ocupado,
  pegou um número de telefone que não estava na
  [lista
 e resmungou: "Três temas ao mesmo tempo!
  Depois de ler a última frase,
   você não sabe quem ama quem,

2
Quem se encontrou com quem, quando e por que,
    quem morreu e quem sobreviveu,
        e quem é o autor, quem o herói –
e que necessidade temos, hoje,
    desse discurso sobre um poeta
        e um enxame de fantasmas?"

3
Respondi: "Havia três deles –
    o principal vestia-se como uma baliza de estrada
        e um outro, como um demônio.
Com seus poemas, estavam tentando certificar-se
    de que seriam populares por séculos...
        O terceiro viveu apenas trinta anos,

4
e sinto pena dele." E uma vez mais
    as palavras se atropelaram,
        a caixa de música ressoou
e, sobre o frasco quebrado,
    com língua zangada e torturada,
        um misterioso veneno escorreu.

5
E, em meus sonhos, parecia
    que o que eu estava escrevendo era um libreto para
[alguém,
        e a música recusava-se a parar.
Mas um sonho é também algo de real,
    Soft embalmer, Pássaro Azul,
        os parapeitos e terraços de Elsinore.

6
Eu própria estava infeliz
    com os rumores distantes

        dessa arlequinada infernal.
E desejava que passasse depressa por mim,
   como baforadas de fumaça,
      a Sala Branca num crepúsculo de ramos de
                         [pinheiro.

7

Não consigo me livrar de toda essa velharia:
   aqui está o velho Cagliostro fazendo-se de bobo –
      ele próprio um elegante Satã
que se recusa a chorar pelos mortos comigo,
   que não faz idéia do que significa ter consciência
      e nem para que a consciência existe.

8

Isto não cheira a um Carnaval romano
   à meia-noite. O Hino dos Querubins
      tremula dentro das igrejas fechadas.
Ninguém bate à minha porta,
   o Silêncio mantém silêncio
      e o espelho sonha apenas com o espelho.

9

E comigo está o meu *Sétimo*,
   meio morto e mudo,
      a sua boca calada e aberta
como a boca de uma máscara da tragédia,
   mas ela está besuntada de tinta preta
      e recheada de terra seca.

10

O inimigo torturava: "Vamos, cante!"
   Mas nem uma palavra, nem um gemido, nem um grito
     conseguia o inimigo ouvir.

E as décadas passam por mim,
    torturas, exílio, mortes... não consigo cantar
      em meio a todo esse horror.

11

Pergunte a meus contemporâneos –
    condenados, cento-e-cinco, prisioneiros –
    e te contaremos como vivíamos
cheias de medo inconsciente,
    como criávamos os nossos filhos para o carrasco,
      para a prisão e a câmara de tortura.

12

Selando nossos lábios azulados,
    loucas Hécubas
      e Cassandras de Tchúkhloma,
gememos num coro silencioso
    (nós, coroadas com a desgraça):
      "Já estamos do outro lado do inferno"...

13

Hei de me derreter em um hino oficial?
    Não me conceda, não conceda, não me conceda
      um diadema tirado de uma fronte morta.
Em breve precisarei de uma lira,
    mas a de Sófocles, não a de Shakespeare.
      Na soleira, ergue-se o Destino.

14

Para mim aquele tema
    era como um crisântemo pisoteado
      que caiu no chão quando levavam o esquife.
Entre os meus amigos de "lembrar" e "relembrar"
    a distância é como a que existe entre Lúga
      e a terra dos dominós de cetim.

15

É coisa do demônio ficar remexendo nesse velho baú...
  Mas como pôde acontecer
    de eu me sentir totalmente culpada por isso tudo?
Eu, a mais tranqüila das mulheres, eu a mais simples,
Rebanho Branco, Tanchagem...
    para vingar a mim mesma... mas como, meus
                                          [amigos?

16

Disto estou bem segura: se me acusam de plagiato...
  sou mais culpada do que outros?
    Seja como for, para mim dá na mesma.
Admito o meu fracasso
  e não estou tentado esconder a minha confusão...
    a caixa tem um fundo triplo.

17

Mas confesso
  que usei tinta invisível...
    Escrevo de forma espelhada,
não há outra estrada que se abra para mim –
  esbarrei nesta aqui por milagre
    e reluto em deixá-la de lado.

18

Que o emissário desse século remoto,
  dos mais caros sonhos de El Greco,
    me explique, sem palavras,
mas com um único sorriso estival,
  como acabei sendo mais proibida para ele
    do que os sete pecados capitais.

19

Depois, que um desconhecido
  de algum dos séculos futuros

      olhe audaciosamente para mim,
e me dê, sombra passageira,
    uma braçada de úmidas violetas,
        no momento em que se vai embora a trovoada.

20

Mas a sedutora centenária
    desperta de repente e quer
        brincar. Nada tem a ver comigo.
Deixa cair seu lenço rendado,
    estreita languidamente os olhos e, por trás dos versos,
        acena com seus ombros de um quadro de Briulóv.

21

Bebi em cada uma de suas gotas
    e, possuída por uma negra sede demoníaca,
        não soube como livrar-me dela,
desta mulher que se contorcia e se enraivecia:
    ameacei-a com a Câmara das Estrelas
        e levei-a de volta para o calabouço de onde veio –

22

para a escuridão sob a árvore de Manfred,
    e a praia em que jaz Shelley inanimado,
        o olhar parado nas estrelas –
e todas as andorinhas do mundo
    irrompem no abismo do éter
        e é George quem segura a tocha.

23

Mas com firmeza ela repetiu:
    "Não sou aquela senhora inglesa,
        nem sou Clara Gazoul.
Não tenho genealogia,

exceto a do sol e a da lenda,
  e o próprio Julho foi quem me criou.

24

Mas não quero servir
  à sua dúbia reputação,
    que já jogou vinte anos na sarjeta.
Tu e eu festejaremos juntas
  e, com a realeza de meu beijo,
    hei de te recompensar pela tua malícia da
        [meia-noite."

3 a 5 de janeiro de 1941
Casa Fontán
Tashként e depois disso.

TERCEIRA PARTE

Epílogo

Amo-te, criação de Peter!
O cavaleiro de bronze

Púshkin

Que este local fique vazio...

E os desertos das emudecidas praças
Em que as pessoas eram executadas antes do amanhecer.

Ánnienski

Para a minha cidade.

Noite branca de 24 de junho de 1942. A cidade está em ruínas. Do porto até o Smólny, tudo ficou aplainado. Aqui e ali, velhas fogueiras ainda cintilam.
No Jardim de Sheremiétiev, as tílias estão florescendo e o rouxinol está cantando.
Uma janela do terceiro andar (por trás do bordo mutilado) foi destruída e revela a escuridão vazia.
Da direção de Kronshtádt veio o rumor da artilharia pesada. Mas, de um modo geral, é o silêncio que prevalece. A voz da autora, a sete mil quilômetros de distância, declara:

Sob o teto da Casa Fontán,
   onde o langor do anoitecer perambulava
      com uma lanterna e um molho de chaves na mão –
conclamei um eco distante
   agitando, com a minha risada inapropriada,
      o sono profundo das coisas, lá onde,
testemunha de todas as coisas neste mundo,

    do amanhecer até o crepúsculo,
       o velho bordo olha para dentro do quarto
e, prevendo a nossa separação,
    estende para mim, como se quisesse me ajudar,
      a sua enegrecida mão ressecada.
Mas a terra a meus pés cantarolou
    e uma tal estrela, olhando para baixo,
      para a minha casa ainda não de todo abandonada,
esperou pelo som que tínhamos combinado...
    Está em algum lugar lá longe, perto de Tobruk.
      Está em algum lugar perto daqui, talvez lá na
                                         [esquina.
Tu, nem o primeiro e nem o último,
    sombrio ouvinte dessa brilhante tagarelice,
      que vingança estás planejando para mim?
Não estás bebendo, apenas sorvendo golinhos
    desta dor, vinda das profundezas –
      a notícia de nossa separação.
Não pousa a tua mão em minha cabeça –
    deixa que o tempo pare para sempre
      no quadrante do relógio que me deste.
O infortúnio não há de passar por nós e ir-se embora
    e o cuco não há de cantar
      em nosso bosque calcinado...

    E por trás do arame farpado,
    Lá no coração da taiga –
    não sei mais em que ano –
    convertido num monte de "poeira do campo",
    convertido num aterrorizante conto de fadas,
    meu duplo vai para o interrogatório.
    Volta, depois, do interrogatório,
    com os dois emissários da Vadia Sem Nariz
    designados para tomar conta dele
    e, até mesmo daqui, posso ouvir

> *– isso não é miraculoso? –*
> *o som de minha própria voz:*
> *paguei por ti em espécie.*
> *Durante exatos dez anos vivi sob o canhão,*
> *sem olhar nem para a direita nem para a esquerda.*
> *No meu calcanhar vinha rente a má reputação.*

E não se transformando em meu sepulcro,
    tu, granítica, infernal, a mim tão cara,
        empalideceste, calada e imóvel.
"Nossa separação é imaginária:
    somos inseparáveis,
        minha sombra está em tuas paredes,
meu reflexo nos teus canais,
    o som de meus passos nos salões do Ermitage
        em que o meu amigo andou a meu lado,
e no antigo Campo de Vólkov
    onde posso chorar livremente
        sobre o silêncio das valas comuns."
Tudo o que foi contado na Primeira Parte
    sobre amor, traição e paixão,
        verso livre libertado de suas próprias asas.
E a minha cidade ainda está de pé, coberta de cicatrizes...
    Pesadas são as lápides
        colocadas sobre os teus olhos insones.
Parecia que me estavas perseguindo,
    tu, que ficaste para ali perecer,
        no brilho das torres, no clarão das águas.
Não tinhas a esperança de que viesse qualquer
                        [mensageiro...
    Sobre ti – apenas os teus sedutores,
        as noites brancas numa ciranda.
E aquela frase feliz – em casa –
    já não há hoje quem a conheça.
        Todo mundo olha de uma janela estrangeira.

Alguns de Nova York, outros do Tashként,
   e é amargo o ar dos banidos –
      como vinho envenenado.
Você teria gostado de me ver
   quando, no ventre do peixe voador,
   escapei da perseguição do mal e,
sobre as florestas cheias de inimigos,
   voei como se possuída pelo demônio,
   como *aquela outra* que,
      no meio da noite, voou para Brocken.
E atrás de mim, brilhando com o seu segredo,
   vinha a que chama a si mesma de *Sétima*,
      correndo para um festim sem precedentes.
Assumindo a forma de um caderno cheio de notas,
   a famosa habitante de Leningrado
      estava voltando para o éter onde nascera.
E vindo em direção a si mesma,
   enfrentando sem hesitar a terrível batalha,
      como a realidade que emerge do fundo do espelho,
como um furacão que vem dos Urais, do Altai,
   jovem e verdadeira,
      a Rússia vinha para salvar Moscou.

Este era, originalmente, o final do poema. Em 18 de agosto de 1942, no Tashként, Akhmátova trocou-o por:

E bem à minha frente
   o gélido Káma se congelava,
      e alguém perguntou "Quo vadis?"
Mas, antes que eu pudesse mover os meus lábios,
   os loucos Urais rugiram,
      com suas pontes e túneis
e, abrindo-se diante de mim, lá estava a estrada
   que tantos trilharam,
      pela qual levaram o meu filho,

e era longa essa procissão funerária
  em meio ao festivo e cristalino
    silêncio
      da terra siberiana.
Tomada por um medo mortal
  de tudo aquilo que se convertera em pó,
    reconhecendo ter chegado a hora da vingança,
baixando seus olhos secos
  e torcendo as mãos, a Rússia
    corria à minha frente indo para o leste.

NOTAS

NOITE (*VIÉTCHER*)

Publicado em 1912 pela Liga dos Poetas, com prefácio do poeta simbolista Mikhaíl Kuzmín e um frontispício desenhado por Ievguêni Lansère, continha 46 poemas, dos quais quinze já anteriormente publicados em revistas. A epígrafe do livro, tirada de "La vigne en fleur", do poeta francês André Theuriet (1833/1907), não existia no original; ela foi incluída em 1940, quando Akhmátova republicou *Viétcher* na edição coletiva *Iz Shésti Knig* (*De seis livros*).

Lendo Hamlet

Embora contemporâneos dos textos de *Viétcher*, estes dois poemas não constavam do livro editado em 1912, mas Akhmátova incluiu-os nele nas reedições feitas a partir de 1958.

"quarenta meigas irmãs": no ato V, cena 1 da tragédia de Shakespeare, Hamlet, comparando seu amor por Ofélia ao de Laertes pela irmã, diz: "Forty thousand brothers/ could not (with all their quantity of love)/ make up my sum".

O *rei de olhos cinzentos*

Escrito de forma a imitar a poesia popular, "Sieroglázny Koról" é um dos poemas mais conhecidos de Akhmátova; para divulgá-lo, concorreu também a música escrita para ele por Serguêi Prokófiev num ciclo composto em 1916 (opus 27).

De "Em Tsárskoie Seló": Um adolescente moreno...

Akhmátova cresceu em Tsárskoie Seló, a "aldeia do tzar", residência de verão da família imperial rebatizada em 1937 com o nome de Púshkin, que estudara no liceu dentro do palácio de Catarina, a Grande. Tanto a cidade quanto o poeta reaparecem freqüentemente em seus poemas. O "adolescente moreno", aqui, é Aleksandr Púshkin, que descendia do príncipe Aníbal da Abissínia, protegido de Pedro, o Grande, história que evocou, sob a forma de semificção, em *O negro de Pedro, o Grande* (1828). Evariste-Désiré de Parny (1753-1814) é um poeta neoclássico francês que exerceu razoável influência sobre o jovem Púshkin.

Ele gostava de três coisas neste mundo...
Nesta agridoce evocação das dificuldades de seu casamento com Nikolái Gumilióv, há um exemplo do típico humor amargo de Akhmátova.

ROSÁRIO (*TCHIÔTKI*)

O extraordinário sucesso deste livro, publicado em 1914, colocou Akhmátova na primeira linha dos poetas russos seus contemporâneos. Em sua primeira edição, *Tchiôtki* tinha 52 poemas, dos quais 28 já publicados em revistas. A epígrafe, tirada do poema "Justificativa", de Ievguêni Baratínski (1800-1844), só foi incluída na edição coletiva *De seis livros* em 1940.

Visitei o poeta...
Akhmátova visitou pela primeira vez o poeta simbolista Aleksandr Blok, pelo qual tinha enorme admiração, em 15 de dezembro de 1913, em seu apartamento da rua Ofitsérskaia (atual rua dos Decembristas, em Leningrado), cujas janelas davam para o mar. Este poema foi uma resposta ao madrigal que Blok, tendo sido avisado de que ela o procuraria, escrevera na véspera para colocar, como dedicatória, em um de seus livros que ela lhe levaria para pedir autógrafo (esse poema está traduzido na introdução a esta antologia). Isaiah Berlin conta que, em 1965, ao reencontrar Akhmátova em Oxford, esta lhe disse que "Blok, apesar de elogiar ocasionalmente os seus poemas, nunca chegara realmente a gostar dela, embora cada professorinha da Rússia acreditasse que eles tinham tido um caso" – e isso, provavelmente, com base em "Visitei o poeta", que ela lhe dedicara em 1914.

REVOADA BRANCA (*Biélaia Stáia*)

Apesar das dificuldades da Revolução, a primeira tiragem de *Biélaia Stáia*, em 1917, tinha 1.422 volumes, que se esgotaram em pouquíssimo tempo, devido à fama que *Tchiôtki* trouxera a Akhmátova. Lançado pela Izdátielstvo Guiperboriêi (Editora Hiperbórea), tinha 83 poemas, 65 dos quais já previamente publicados em jornais e revistas. Em 1940, Akhmátova escolheu como epígrafe para o livro um trecho de "Querida", de Innokénti Ánnenski (1855-1909), que fora seu professor e por quem ela sempre teve o máximo respeito.

Sonho mais raramente com ele...
Neste poema, pertencente à fase da separação de Anna e Nikolái Gumilióv, o mosteiro a que ela se refere é o de São João da Trindade, em Kíev.

Tua casinha branca...
No manuscrito, este poema era dedicado a Gumilióv.

Em vez de juízo, experiência...
Dedicado a Valiéria Srezniévskaia, sua colega de ginásio e uma de suas mais íntimas amigas durante toda a vida. Depois de separar-se de Gumilióv, Akhmátova hospedou-se, do início de 1917 até o outono de 1918, na casa de Valiéria, que era casada com V. V. Srezniévski, professor de medicina militar.

Julho de 1914
Estes dois poemas foram escritos em Sliepniôvo, onde ficava a casa de campo da sra. Gumiliôva, mãe de Nikolái; ali, Akhmátova passava todas as férias de verão. Como no "Slôvo o Polkú Ígorieve" (Narrativa da batalha de Igor), o poema épico anônimo do século XII, a natureza reflete a tragédia que se abateu sobre o país. No fim do primeiro poema, há uma referência ao feriado religioso de Pokróv, muito popular na Rússia, em que se comemora a lenda segundo a qual, no século X, Nossa Senhora apareceu a Santo André, numa igreja de Constantinopla, e estendeu seu véu sobre os fiéis para protegê-los.

No umbral da primavera...
Dedicado à sua amiga Natália Tchúlkova, tradutora, casada com o escritor Gueórgui Tchúlkov, fundador do anarquismo místico.

Oração
Este poema de 1915, escrito logo após o início da Primeira Guerra, tem ressonâncias amargamente proféticas. O amigo a que ela se refere é o mosaísta Borís Anrep, por quem nutriu os mais ternos sentimentos; porém, ele deixou a Rússia em 1917 e nunca mais voltou. Akhmátova resistiu a todas as tentativas que fez de convencê-la a emigrar com ele. Só se reviram 48 anos mais tarde, em Paris, durante a última viagem que ela fez ao Ocidente. O filho, Liev Gumilióv, esteve preso durante longos períodos. Ela própria esteve por muitos anos proibida de publicar e foi cruelmente afligida pela doença, primeiro com tuberculose e depois com tifo e problemas cardíacos.

Dentro de cada ser há um segredo...
Dedicado a seu amigo, o poeta e crítico Nikolái Niedobrovô, parece ser uma resposta ao que ele escrevera sobre sua poesia, em 1915, no jornal *Rússkaia Mysl* (Pensamento Russo): "Outras pessoas andam pelo mundo, exultam, caem, colidem umas com as outras, mas tudo acontece aqui mesmo, neste mundo. Anna Akhmátova pertence aqueles que atingiram a fronteira – deverão eles retornar para este mundo? Não, lutam dolorosamente e sem esperança, junto a essa fronteira, soluçando."

Não somos bons de despedidas.
Escrito em 1917, no momento em que Anna preparava-se para se afastar definitivamente de Borís Anrep, que ia emigrar.

Foi para isso que te carreguei...
Típico exemplo do poema em que Akhmátova expressa com tal intensidade a dor alheia, que se tem a impressão de estar descrevendo uma experiência pessoal; passa-se o mesmo com o poema "Não estás mais entre os vivos", de *Anno Domini MCMXXI*, também incluído nesta seleção.

TANCHAGEM (*PODORÓJNIK*)

Tanchagem (do latim *plantagine*, que dá, tanto em francês quanto em inglês, a forma *plantain*) é uma erva de origem européia, da família das plantagináceas, com folhas espatuladas e moles e minúsculas flores que formam espigas delgadas e cilíndricas, muito alongadas. Surgindo em 1921, foi o menor dos volumes de poemas de Akhmátova: 38 peças, incluindo a sua primeira tradução (e a única a constar de um de seus livros de poemas originais: *Tot stchástliv, kto proshiól srédi mútcheni* (Feliz é aquele que passou pelas tormentas) do português Antero de Quental, vertido com a ajuda de uma tradução justalinear. Logo em seguida, *Podorójnik* foi republicado com a terceira parte de *Anno Domini MCMXXI*, momento em que recebeu a sua epígrafe, tirada de "Poltava", de Púshkin.

Cançoneta
Ao aparecer em uma revista literária, em 1914, intitulava-se "Mulher de lilás". Na edição dos *Poemas* que Akhmátova preparou em 1961, surgia com o título de "No espelho". A esse respeito, comenta Roberta Reeder: "A falta de pronomes pessoais e de possessivos – peculiar até para uma língua como o russo – sugere que a protagonista está olhando para si mesma no espelho". Ou seja, fala no poema de alguém que, simultaneamente, é ela mesma e apenas uma imagem virtual no espelho, quase como se fosse uma outra, o que cria a sensação do estranhamento.

És um apóstata...
Em 1917, Borís Anrep, que era natural de Iároslavl, emigrou para a Grã-Bretanha (a "ilha verde"), de onde, mais tarde, seguiria para Paris. Akhmátova censura-o severamente por ter atraiçoado a cultura, a religião e as paisagens de sua terra natal.

Quando na angústia do suicídio...
Neste poema, sobre os intelectuais que emigraram após a Revolução e a recusa de Akhmátova em deixar a sua pátria, a "voz consoladora" é a do amigo Anrep, que em vão tentou convencê-la a segui-lo a Paris. Durante muito tempo, as edições soviéticas censuraram os oito primeiros versos, fazendo-o começar com

"Ouvi uma voz..." A versão integral foi publicada no Ocidente na edição Struve-Filípov. Nas edições soviéticas mais recentes, como a de V. A. Tchôrnikh (1987) ou I. I. Slobóján (1989), os versos censurados são citados em nota; porém, no corpo do texto, mantém-se a forma cortada tradicional.

ANNO DOMINI MCMXXI

Contendo 29 poemas novos e, como sua terceira parte, os textos de *Podorójnik*, foi lançado em 1922 pela Knigoizdátielstvo Petrópolis (Editora de Livros Petrópolis). A seleção original foi sendo aumentada ou diminuída ao longo das sucessivas reimpressões, até que, nos *Poemas 1909 a 1960*, organizados por Akhmátova em 1961, este livro apresentava 55 poemas. Desde a primeira edição, já trazia a epígrafe, tirada de "Naquela época eu já a conhecia...", de Fiódor Tiútchev (1803-1873).

De "Sonho negro"
Escritos em vários períodos, os poemas deste pequeno ciclo referem-se a seu casamento com o assiriologista Vladímir Shilêiko (1891-1930), que conhecera no cabaré Cachorro Perdido. Shilêiko freqüentava o grupo dos acmeístas e escreveu a introdução para a tradução que Gumilióv fez do épico babilônio *Gilgamesh*. Casando-se em 1918, Anna e Vladímir separaram-se em 1921, ao fim de um relacionamento muito torturado, e divorciaram-se oficialmente em 1928. Shilêiko também escrevia poemas, que publicava em importantes revistas literárias e, segundo Akhmátova contou a vários amigos, opunha-se a que ela escrevesse durante todo o tempo em que estiveram juntos. À fase dessa conturbada união pertencem também os poemas "Ele me disse que não tenho rival..." e "Cerca de ferro fundido", incluídos nesta seleção.

Tudo foi conspurcado...
Dedicado a Natália Rykôva, admiradora e íntima amiga de Akhmátova, que a visitou várias vezes, entre 1919 e 1920, na fazenda-modelo, perto de Tsárskoie Seló, que era dirigida por seu pai, o agrônomo V. I. Rykóv.

Hoje é a festa de Nossa Senhora de Smolénsk.
O enterro do poeta Aleksandr Blok, morto dias antes, foi feito em 10 de agosto de 1921, no cemitério de Smolénsk, em Petrogrado, no dia da festa do ícone de Nossa Senhora, à qual é dedicada a igrejinha que existe no local.

Béjetsk
Este é o nome de um lugarejo, na província de Tver, próximo de Sliepniôvo, onde ficava a propriedade de sua sogra. Com sua vida tranqüila e seus aldeões que se preparam para celebrar um Natal tradicional, Béjetsk transmite-lhe uma imagem de um passado que já não existe mais; e ela tenta fazer as pazes com o presente, por mais assustador que ele seja.

Este insólito outono...
O outono de que fala o poema é o de 1914, transfigurado pelo fato de, naquela época, através de Niedóbrovo, ela ter conhecido Borís Anrep – que, em 1922, havia cinco anos que já estava no exílio.

A mulher de Lot
Um dos mais famosos poemas de Akhmátova, tem sido freqüentemente citado como um exemplo da técnica, comumente empregada pela autora, de exprimir, através de alusões ao mito e à história, o que não pode dizer abertamente. Anna simpatiza com a mulher de Lot, pois compreende o quanto o passado significou para ela. A identificação que sente com ela vem do fato de poder avaliar o quanto de seu próprio passado, e o de todo o seu país, perdeu-se irremediavelmente na fase pós-revolucionária.

JUNCO (*TROSTNÍK*)

Reúne poemas escritos entre 1924 e 1940, mas nunca chegou a ser publicado como um volume independente. Em 1940, com o subtítulo de *Ivá* (Salgueiro), esses textos apareceram em *De seis livros*. O título atual para esse grupo de 28 poemas – vinte dos quais já tinham sido editados esparsamente em jornais e revistas – foi escolhido em 1961, quando eles foram incluídos nos *Poemas 1960-1961*. Nesse momento, receberam também a epígrafe, tirada do "Hamlet", de Borís Pasternák: a personagem do poema, o ator que faz o papel-título, refere-se, nesse verso, ao fato de aparecer em todos os atos da tragédia de Shakespeare. À sua amiga Lídia Tchukôvskaia, Akhmátova contou ter querido dar ao livro o nome de *Junco* como uma alusão à lenda asiática das duas irmãs invejosas que mataram, à beira do rio, a caçula, mais bonita e simpática. Porém, quando um pastor fez uma flauta com o junco que crescera no lugar do assassinato, esta revelou, ao tocar, o crime que as duas haviam tão bem ocultado. Queria com isso dizer, certamente, que em vão a tirania stalinista ocultava seus crimes, pois eles, mais cedo ou mais tarde, viriam a lume. Essa idéia torna-se ainda mais clara se pensarmos que esta é a fase mais sofrida da vida de Akhmátova, cujo filho, Liev Gumilióv, encontrava-se preso: é a fase que viu nascer o *Réquiem*, a mais candente denúncia do sofrimento individual causada pela opressão política a ser produzida durante o stalinismo. Embora esse ciclo de poemas não tenha podido ser publicado na União Soviética antes de 1987, Roberta Reeder, em sua edição crítica, coloca-o dentro de *Trostník* (como de resto já o fizera Víktor Jirmúnski, com os fragmentos que pudera inserir em sua edição de 1979), pois é a essa etapa de seu desenvolvimento estilístico e emocional que o *Réquiem* realmente pertence.

À Musa

A inspiração não é mais, como no passado, uma fonte de sofrimento: a Musa, agora, é uma "hóspede querida", ansiosamente esperada, e nenhum dos bens terrenos parece-lhe tão atraente quanto o dom da criatividade. A menção a Dante – que para Akhmátova sempre teve muita importância, como um símbolo de resistência à opressão – evidencia o seu sentimento de que pertence à companhia dos grandes poetas (afinal, a mesma Musa que a inspira ditou ao Alighieri a *Commedia*).

De ti escondi meu coração...

Pertence à fase em que Akhmátova vivia com Nikolái Púnin, num apartamento que ficava no jardim do palácio de Sheremétiev – cujas bétulas são mencionadas no sétimo verso.

Vorônej

Em 1936, Akhmátova foi visitar Óssip e Nadiêjda Mandelshtám em Vorônej, onde estavam exilados. Perto dessa cidade, em 1380, Dmitri Donskôi derrotara os mongóis da Horda Dourada, demonstrando, pela primeira vez, que os russos tinham condição de combater os seus invasores asiáticos. Essa celebração da antiga vitória permitiu que o poema fosse publicado, em 1940, no jornal *Leningrad,* mas com a omissão dos quatro últimos versos, nos quais ela evoca a situação de desesperança em que viviam seus amigos.

Dante

A referência, na epígrafe, ao Batistério da Catedral de Florença pertence ao canto do *Inferno* que trata do pecado da simonia (a venda de objetos sagrados) e dos tormentos dos papas condenados – uma maneira indireta de sugerir que também os tiranos acabarão sendo punidos por oprimir o seu povo. O poema, escrito no mesmo ano que *Vorônej,* faz alusão a Mandelshtám, que, como Dante, foi exilado pelo que escrevia e teve de deixar para trás a sua bem-amada Leningrado.

A celebração de um alegre aniversário

No manuscrito, este poema era dedicado ao Dr. Vladímir Gárshin, um patologista de Leningrado, sobrinho do conhecido escritor Vsiévolod Gárshin. Anna esteve a ponto de casar-se com ele, mas ambos foram separados pela guerra. Ao voltar do Tashként, para onde tinha sido removida compulsoriamente, ela descobriu que Vladímir casara-se com a enfermeira que o tratava de uma doença mental. A paisagem de Petersburgo (hoje Leningrado) é uma constante na poesia de Akhmátova. Aqui ela menciona: os estábulos do tzar, o Palácio Konniúshenny, na praça do mesmo nome, entre o Móika e o Campo de Marte; o rio Móika, um pequeno afluente que, saindo do Fontanka, corre para oeste em direção ao Nevá, do lado oposto à ilha Vassiliévski; o Campo de Marte, adjacente ao Palácio de Verão, antes chamado de Campo da Tsaritsa, mas batizado no século XIX com o nome atual, ao passar a ser usado para grandes paradas e manobras militares; e o canal Lebiájia, que separa o Campo de Marte do Jardim de

Verão. Na terceira estrofe, Akhmátova fala dos assassinatos de Paulo I (1801), no castelo Mikhailóvski, e de seu neto, Alexandre II (1881). No local onde Alexandre II foi morto, ergueu-se a Igreja do Salvador Ensangüentado. O "jardim enfurecido" do nono verso é o de Mikhailóvski, que fica entre essa igreja e o castelo.

Separação
Estes três poemas retratam as dificuldades de seu relacionamento com Púnin, seu companheiro durante cerca de quinze anos.

Cleópatra
A epígrafe é do poema de Púshkin sobre a rainha egípcia. Escrito quando Liev Gumilióv estava preso, este é um dos poemas em que Akhmátova utiliza personagens históricas para fazer alusões indiretas à sua própria situação. Vistas desse ângulo, adquirem sentido muito claro as imagens da mulher derrotada que pede clemência a seu conquistador, horroriza-se ao pensar que seus filhos serão postos a ferros e reage à indignidade do destino, optando por dar fim à sua própria vida (uma idéia que encontra ressonâncias, por exemplo, no poema do *Réquiem* em que Akhmátova faz a invocação à morte).

RÉQUIEM (*Rékviem*)

À exceção de Prigovôr (O veredicto) – que foi estampado sem título, em 1961, em uma revista literária – nenhum outro dos poemas que integram *Rékviem: tzikl stikhotvoriênnii* (*Réquiem: um ciclo de poemas*), escrito entre 1935-1940, durante a primeira fase do encarceramento de seu filho, Liev Gumilióv, foi editado na União Soviética durante a vida de Akhmátova. O texto completo apareceu, pela primeira vez, em 1963, em Munique, na revista da *Továrishtchestvo Zarubiéjnik Pissátielei* (Associação dos Escritores no Estrangeiro), sem o conhecimento da autora e sem a sua autorização. Por causa da censura ainda vigente, ao preparar a sua edição de 1976-1979 dos *Stikhotvoriênnia i Poémy* (Poesias e poemas longos), o acadêmico Víktor Jirmúnski só pôde incluir quatro trechos do *Réquiem:* os poemas III, VII (O veredicto, sem o título) e as duas estrofes de "A crucificação", mas sem especificar a que ciclo pertenciam. Na edição de 1987, V. Tchôrnikh acrescentou o poema IX; mas tampouco explica a proveniência desses cinco poemas. A mudança de clima cultural trazida pela *glasnost* (transparência) após a chegada ao poder de Mikhaíl Gorbatchóv (1985), permitiu que, em abril de 1987, o *Réquiem* fosse publicado pela primeira vez, na União Soviética, na revista *Novy Mir;* e ele pôde ser incluído na edição completa preparada, em 1989, por I.I. Slobaján. Pôde ser ouvido também o oratório baseado nele, composto por Borís Tíshtchenko em 1965 e até então censurado.

No lugar de um Prefácio

Designa-se como Iéjovshtchina o período dos grandes expurgos stalinistas, conduzidos por Nikolái Iéjov (1894-1939?), chefe da NKVD entre 1936 e 1938, data em que, tendo caído em desgraça, foi substituído por Lavrenti Beria. Embora não haja informações oficiais a esse respeito, acredita-se que tenha sido executado.

Prólogo

"Maria Preta" era o nome popular dado aos carros usados pela NKVD, a polícia política stalinista.

Poema I

"Levaram-te embora ao amanhecer" refere-se à prisão de Nikolái Púnin, em 1935, durante a onda de terror que se seguiu ao assassinato, ordenado por Stálin no ano anterior, do alto funcionário do Partido, Serguêi Kirov; Púnin e Akhmátova estavam juntos desde 1926; "as viúvas dos Striéltsi" – o motim, em 1698, dos Striéltsi, a guarda de elite criada por Ivã, o Terrível, foi impiedosamente reprimida pelo tzar Pedro o Grande, que mandou torturar e enforcar 2.422 deles. Num quadro famoso, Vassíli Suríkov mostrou as suas viúvas "gritando diante das torres do Kremlin". A rebelião dos Striéltsi foi evocada por Módest Mússorgski em sua ópera *Khovânshtchina*.

Poema II
"Lento flui o Don silencioso" – mencionando um rio que fica em parte tão afastada do país, Akhmátova expande o âmbito do poema para abranger o sofrimento de toda a Rússia. Esta seção do *Réquiem* tem, deliberadamente, um tom de poesia popular: Akhmátova decalcou o ritmo e as rimas de uma conhecida canção de ninar, "Don, don, don! Zagoriélsia kóshkin don" (Don, don, don! A casa do gato está pegando fogo).

Poema IV
A Kresty era a prisão política de Leningrado, um edifício construído em forma de cruz; esse será o ponto de partida para que a autora, sofrendo com o encarceramento do filho dentro desse prédio em forma de cruz, associe-se – e a todas as outras mães que sofrem ali com ela – à figura da Mater Dolorosa ao pé da cruz em que o Salvador agoniza.

Poema V
"Já me atirei aos pés de teu carrasco" – Akhmátova encaminhou vários pedidos a Stálin para que agraciasse Liev e concordou em escrever poemas de tom oficial, na tentativa de agradar ao regime, mas sem nenhum resultado.
"uma estrela enorme": a estrela vermelha no topo da penitenciária.

Poema VI
"noites brancas" são as breves noites de verão, com apenas algumas horas de escuridão, tema de uma novela de Dostoiévski.

Poema VII
O veredicto foi escrito no dia em que Liev Gumilióv foi condenado à prisão perpétua com trabalhos forçados.

Poema VIII
a "fábula" que ela mesma inventou é a idéia obsessiva de que, a qualquer momento, verá de novo "o topo do quepe azul", o boné usado pelos agentes da NKVD, pois a polícia terá voltado para buscá-la. Ao pesadelo paranóico não falta nem mesmo o detalhe do zelador do prédio em que ela mora, pálido de medo ao vê-la sendo levada.

"o Ienissêi corre turbulento": Akhmátova cita aqui um verso de um poema de Mandelshtám; ao longo desse rio ficavam vários campos de concentração (ver a nota sobre "Um pouco de geografia").

Poema X
A epígrafe em antigo eslavônio ("Niê, rydái Mieniê, Máti, vo gróbie sushtchú") pertence ao nono canto da Liturgia da Semana Santa na Igreja Ortodoxa Russa. Mas Akhmátova, citando-o de memória, o faz incorretamente; a citação exata seria: "Não chores por mim, Mãe, ao olhar para o meu túmulo". Nas notas à sua edição, V. A. Tchôrnikh observa que, no manuscrito, havia originalmente uma citação de James Joyce: "You cannot make your mother an orphan".

Epílogo 2
O "Dia da Lembrança" é, na Igreja Ortodoxa Russa, um serviço religioso realizado no aniversário da morte de um de seus membros.

o "tronco consagrado": é uma referência aos jardins de Tsárskoie Seló; a "sombra inconsolável" que ainda perambula por lá é a de Púshkin, que compartilha o sofrimento do povo oprimido.

SÉTIMO LIVRO (*Siedmáia Kniga*)

Depois de *Trostník*, Akhmátova trabalhou, no Tashként, em um volume que reuniria os poemas escritos entre 1936 e 1946 e a que pretendia dar o título de *Niétchet* (*Número ímpar*). Mas como *Trostník* acabou não podendo ser publicado como um volume independente, alguns dos últimos poemas que se destinavam a ele foram integrados à *Siedmáia Kniga*, que abrange também os textos de *Niétchet* e cobre um período mais longo, de 1936 a 1964. Com isso, é o livro mais longo e, conseqüentemente, menos uniforme de Akhmátova; porém, nele estão alguns de seus poemas mais maduros. Uma edição menos censurada, com 146 poemas, pôde sair em 1965, sob o título de *Bieg vrémeni* (*A corrida do tempo*). A epígrafe do livro vem do poema "O gelo está partindo...", de sua amiga Tatiana Kazánskaia, aludindo ao "degelo" que acompanhou a desestalinização da União Soviética.

Os mistérios do ofício

Em 1960, Akhmátova reuniu, no ciclo intitulado *Táinii Riemeslá*, poemas sobre a criação artística que vinha publicando separadamente desde 1936. Especialmente interessante, por revelar um lado bem-humorado raramente aparente em seus escritos, é o *Epigrama* (nº 7), em que zomba de suas imitadoras. Korniêi Tchukóvski, biógrafo da autora, conta: "Quando ela publicou, em *Viétcher*, aquele poema sobre a luva que põe na mão errada, observou, rindo: 'Escreva o que eu digo, amanhã (e disse o nome de uma das poetisas mais tolas daquela época) vai escrever que pôs no pé esquerdo a galocha do pé direito'. E estava coberta de razão! Depois que *Viétcher* e *Tchiôtki* apareceram, veio uma verdadeira avalanche de poesia feminina amaneirada, insípida, histérica, vulgar, uma bobajada sem sentimento algum..."

"O vento da guerra" contém alguns de seus poemas mais famosos; apesar do ostracismo em que se encontrava, *Coragem* foi publicado pelo *Pravda* em sua primeira página.

E nos livros, era sempre...

A "Eternidade grisalha", no oitavo verso, é uma citação de Mark Twain, no capítulo 26 das *Aventuras de Tom Sawyer*. Este é um dos poemas que mais parecem justificar a avaliação de Mandelshtám de que a arte de Akhmátova enraíza-se na tradição romanesca mais do que na linhagem poética russa.

Estes teus olhos de lince, Ásia...

A paisagem asiática parece fazer aflorar o lado tártaro de Akhmátova, latente até mesmo em seu pseudônimo, herdado da avó, despertando nela a *pré-memória,* quase como a consciência de uma vida anterior.

E meu coração já não bate...

Perfeita em sua dolorosa concisão, esta estrofe é dedicada a Púnin, que desaparecera num campo de trabalhos forçados, durante os expurgos stalinistas.

De "As roseiras silvestres florescem"

No outono de 1945, o intelectual britânico Isaiah Berlin, de origem russa, voltou a Leningrado, onde passara a infância. Trabalhava para o corpo diplomático de seu país. Levado por um crítico literário que ficara conhecendo na Livraria dos Escritores, Berlin visitou Akhmátova na Casa Fontán (um relato fascinante desse encontro está em "Anna Akhmátova: a Memoir", um capítulo das *Personal Recollections*, de Berlin, reproduzido no segundo volume de Roberta Reeder). Anna sentiu-o como uma alma irmã – uma pessoa que, em condições diferentes, poderia ter sido para ela um amigo e um companheiro. Ela lhe dedicou os poemas dos ciclos *Cinque* e *As roseiras silvestres florescem* e fez dele o "Hóspede do futuro", cujo retorno espera, no *Poema sem herói*. Mas quando Berlin voltou à União Soviética, em 1956, e lhe telefonou, ela não quis revê-lo pessoalmente, apesar de sua paixão platônica, pois estava convencida de que o fato de ter-se encontrado com um estrangeiro, sem autorização, tinha contribuído para a nova prisão de Liev Gumilióv, em 1949, e para a sua expulsão da União dos Escritores. As alusões ao encontro que não houve são muito freqüentes nos poemas dessa fase. De resto, isso coincidia com o tema do desamor, do não-encontro, comuns em sua poesia (ver, por exemplo, "Um colarzinho de contas no pescoço", de *Podorójnik*, incluído nesta seleção). A esse respeito, comenta Clarence Brown em *The Portable XXth Century Russian Reader:* "O grande tema da obra de Akhmátova era a descrição do amor do ponto de vista feminino, o que, em seu caso, significava uma postura sem sentimentalismo e sem ilusões. Em poemas curtos, com fortes elementos dramáticos e narrativos, ela descrevia não o amor, mas o desamor, ou o que o amor poderia ter sido; não o encontro dos amantes, mas o fato de eles nunca terem chegado a se encontrar (e, nesse sentido, são comuns, em sua linguagem poética, as cunhagens de palavras precedidas pela partícula negativa)."

À cidade de Púshkin

A epígrafe a estes dois poemas, sobre a destruição de Tsárskoie Seló durante a Segunda Guerra Mundial, é tirada de "A Tchaadáiev", de Púshkin. Ao ser publicado, em 1946, no jornal *Zviezdá* (*Estrela*), o poema tinha uma primeira estrofe diferente:

> Queimaram minha cidade de brinquedo
> e não há mais como voltar ao meu passado.
> Havia uma fonte aqui e bancos verdes
> e o grande parque do tsar lá na distância.

Mas Lídia Tchukôvskaia, em seus escritos autobiográficos, relata que, em 1958, ao preparar a coletânea de seus poemas, Akhmátova foi obrigada pelo censor a trocar essa estrofe, pois ela "sugeria o desejo de voltar ao infame passado tsarista".

Música
Dedicado ao compositor Dmitri Shostakóvitch, que viajou com ela no avião que a removia para o Tashként.

Soneto marinho
Escrito em Komarôvo, o centro de férias da União dos Escritores, a sessenta quilômetros de Leningrado, onde, após a sua reabilitação, foi-lhe permitido dispor de uma *datcha* (casa de campo). A estrada "que leva aonde não lhes direi", e que lhe relembra a paisagem de sua infância em Tsárskoie Seló, é a que vai até o lago e o cemitério, onde ela está enterrada.

Canção de despedida
Este poema parece refletir, à distância, o trauma, ainda vivo após tantos anos, de sua separação de Gumilióv.

Jardim de verão
O Jardim de Verão, construído em 1704, é o mais antigo de Leningrado. Aqui, Akhmátova relembra as estátuas dos mestres venezianos do século XVIII que o enfeitam; a grade que foi erguida em 1784 para separar o jardim das margens do Nevá; a inundação ocorrida quando o rio transbordou em 1910; o vaso de granito que foi colocado, em 1839, na entrada da ala sul; e o portal do palácio de Pedro, o Grande, de linhas muito severas, construído entre 1710 e 1711 pelo arquiteto italiano Tresini.

Dois poemas para Aleksandr Blok
O primeiro poema, publicado separadamente em 1946, foi reunido ao de 1960, na *Siedmáia Kniga* (*Sétimo livro*), para formar uma espécie de díptico.

"Ele tinha razão": contém uma referência a um célebre poema de Blok, um fragmento de *Pliáski Smiérti* (*A dança da morte*), de 1912:
"A noite, a rua, a lâmpada, a farmácia,
uma luz mortiça e sem sentido.
Ainda que vivas outro quarto de século,
tudo continuará igual. Não há saída.

Morrerás – e começarás tudo de novo,
e tudo se repetirá como antes:
a noite, as frias ondulações do canal,
a farmácia, a rua, a lâmpada".
(A. A. Blok: *Ízbrannye Sotchinênia/* Obras escolhidas, ed. A. Túrkov, Moscou, 1988)

"Ao despedir-se..." é uma menção ao poema de Blok "A casa de Púshkin" e à sua última aparição em público, em 1921, ao fazer uma conferência sobre o tema "A importância do poeta".

O poema "E se na negra memória..." contém uma recordação dos tempos em que Akhmátova e seus amigos freqüentavam o cabaré Cachorro Perdido. Em certa ocasião – evocada aqui – tinha-se organizado um recital de poesia em homenagem ao belga Emile Verhaeren, que estava de visita a São Petersburgo.

Ao saber que declamaria logo depois de Blok, Akhmátova ficou muito nervosa. Ao percebê-lo, o poeta disse-lhe, sorrindo com desdém: "Pare com isso, nós não somos tenores" – querendo dizer que não deveriam comportar-se como primas-donas.

Terra natal
A epígrafe é retirada de "Não sou como aqueles...", de *Anno Domini MCMXXI*, incluído nesta antologia.

Esboços de Komarôvo
Na colônia de férias de Komarôvo, aos 72 anos – ao se comemorar o vigésimo aniversário da morte da poeta Marina Tsvietáieva, que se enforcou em Ielabuga, para onde tinha sido removida durante a guerra –, Akhmátova une a lembrança da amiga desaparecida em circunstâncias tão trágicas uma reflexão sobre a sua própria velhice e a proximidade do fim. A epígrafe é o início do primeiro verso do poema que abre o ciclo *Akhmátovoi*, escrito

em sua homenagem por Tsvietáieva em 1916. Originalmente, esse poema fazia parte do ciclo *Guirlanda para os mortos*, sob o título "Nós quatro". Nessa versão, havia duas outras epígrafes, tiradas de poemas dedicados a ela por Mandelshtám ("É verdade que os sofrimentos de Dante esperam pela ágil cigana?") e Pasternák ("É assim que eu vejo a tua imagem").

Uma pequena página da antigüidade

Akhmátova trabalha nesses dois poemas, com lendas relatadas pelos historiadores antigos; o poeta a que se refere "Alexandre em Tebas" é Píndaro, cuja casa dizem ter sido poupada pelo jovem conquistador macedônio quando este invadiu a cidade em 335 a.C. Lídia Tchukôvskaia conta que Akhmátova estava relendo todas as peças de Sófocles, ao escrever o poema sobre a morte desse dramaturgo, e ficou furiosa quando a amiga lhe disse ter achado frio esse texto: "Frio?! Você é que não tem ouvido para a antigüidade... (...) Meu poema sobre a morte de Sófocles é absolutamente essencial para entender a relação entre a arte e o poder."

A última rosa

No final da vida, venerada como um dos maiores nomes da poesia de seu país, Akhmátova viu-se cercada por jovens artistas, cujo talento estimulava. Um deles, Dmitri Bóbishev, deu-lhe de presente de aniversário, em junho de 1962, um buquê de rosas. Todas elas, menos uma, murcharam; e esse "milagre" inspirou-lhe poemas dedicados a seus jovens amigos: o próprio Bóbishev, Anatóli Náiman, Ievguêni Rein e Iósif Bródski – para quem escreveu este "A última rosa". A epígrafe de Bródski refere-se à dificuldade de se fazer, na URSS daquela época, uma arte subjetiva. Nascido em 1941, Bródski realizou as esperanças depositadas nele por Akhmátova ao conquistar, em 1987, o Prêmio Nobel de Literatura. Cumpria-se assim o desejo, manifestado nos dois últimos versos desse poema, de que se mantivesse viva "a rosa escarlate" da criação artística. Mas, antes disso, Bródski esteve preso, no fim da década de 1960, acusado de parasitismo social, por desejar viver apenas de sua literatura – que não era bem-aceita do ponto de vista oficial – e recusar-se a trabalhar numa fábrica. Parte de seu processo, uma verdadeira farsa judiciária, foi citada por Millôr

Fernandes em sua peça *Liberdade, liberdade,* de 1965. Graças a uma campanha internacional liderada pelo poeta britânico W. H. Auden, Bródski foi libertado, no início da década de 1970, e pôde emigrar para os Estados Unidos.

Neste texto, ao lado de Salomé, Dido e Joana d'Arc – que representam a sensualidade, o amor infeliz e o patriotismo, vertentes típicas de seu próprio temperamento –, Akhmátova menciona também a sua tendência ao misticismo, através da figura de Fiodossía Morôzova. Rica dama moscovita do século XVII, famosa pelos extremos de sua devoção religiosa, ela teve sua história narrada, por autor anônimo, na *Jítie Boiáriny Morôzovoi* (A vida da boiárina Morôzova). Quando o patriarca Níkon decidiu renovar os rituais litúrgicos da Igreja Ortodoxa, ela permaneceu fiel ao cisma dos *razkólniki,* os Velhos Crentes, que se reuniram em torno do arcipreste Avvakum na recusa às reformas. Em novembro de 1672, depois de Avvakum ter sido queimado na fogueira, Morôzova foi presa, confinada em um convento onde foi torturada e encarcerada num poço da aldeia de Borovsk, até morrer, em novembro de 1675. Num quadro famoso de 1887, Vassíli Suríkov representou a cena de sua prisão. A rebelião dos Velhos Crentes é também retratada por Mússorgski na *Khovânshtchina.*

Versos da meia-noite

Akhmátova afirmava considerar *Polnotchnye Stíkhi* a sua obra-prima. Dos sete poemas, a dedicatória e os de nº 1, 5 e 6 referem-se ao seu encontro com Isaiah Berlin.

Epígrafes: • a de todo o ciclo é extraída da oitava estrofe de "O outro lado da moeda", segunda parte do *Poema sem herói;*

• a do poema 1 pertence ao soneto "El Desdichado", de Gérard de Nerval, mas Akhmátova colocou no feminino o particípio passado para tornar mais clara a referência a seus sentimentos pessoais e, no caso, ao estranho que veio para consolá-la (Berlin);

• a do poema 3 é da última estrofe da Ode 26, Livro III, de Horácio, em que o poeta, falando de uma mulher que o rejeita, pede a Vênus: "Ó Deusa, que abençoas Chipre e Mênfis, mantendo-as livres da neve; ó rainha, com teu chicote erguido, fustiga Cloé pelo menos uma vez"; o título desse poema é o do livro de Lewis Carroll, *Alice no país do espelho,* que Akhmátova lera na tradução russa de 1924; a imagem do espelho e da pessoa distante que, por artes mágicas, poderá ser conjurada a aparecer em sua superfície tem uma grande importância no *Poema sem herói;*

• ao ser publicado na revista *Dien Poézii* (O dia da Poesia), em 1964, o poema 5 trazia a epígrafe: "Anoso dolente" – esta é uma das indicações expressivas colocadas por Beethoven no terceiro movimento, *Adagio ma non troppo*, de sua Sonata em lá bemol maior op. 110 (no relato de seu encontro com Akhmátova, conta Berlin que ela lhe falou de sua paixão pelas três últimas sonatas de Beethoven, dizendo-lhe concordar com a opinião de Mandelshtám de que elas chegavam a ser superiores a seus últimos quartetos);

• a epígrafe do poema 6 é tirada de um texto que ela escreveu para ser publicado, em Paris, pela revista de emigrados *Viéstnik rússkovo studiéntcheskovo khristiánskovo dvijênia* (Mensageiro da ação cristã dos estudantes russos).

Treze versos

Neste poema, Akhmátova descreve o poeta não como quem se ajoelha, se submete às circunstâncias históricas ou ideológicas, mas como quem fala, num plano intemporal, a linguagem de uma revelação sobre-humana. Os quatro últimos versos são assim interpretados por Giovanni Buttafava em sua *Antologia della Letteratura Russa:*

"Ao exprimir o inexprimível, o poeta o 'mata', na medida em que o torna compreensível; é por isso que, apesar de ter sido destinada, pela palavra divina, à missão de traduzir para a humanidade o sentido da palavra poética, ela prefere calar-se para preservar por mais um pouco a magia de seu mistério".

POEMAS NÃO-COLIGIDOS
(*Niesobránnye Stikhotvoriênia*)

Nesta seção encontram-se os poemas que, por diversas razões, não puderam ser incluídos em outras coleções. Roberta Reeder, em sua edição, reúne-os sob o título *Uncollected Poems,* dividindo-os em fases: 1904-1917; 1919-1941; 1941-1945; 1954-1956; 1957-1965.

Imitado do armênio

O original, do grande poeta armênio Hovhanness Tumanián (1869-1923), é o seguinte: "Em meus sonhos/ uma ovelha/ aproximou-se de mim/ de mim/ com uma pergunta:/ Que Deus proteja/ e preserve/ o seu filhinho,/ mas que gosto tinha o meu/ filhote?". Akhmátova amplia o significado do poema, com a referência não só à sua situação pessoal – a prisão de Liev e, por extensão, o sofrimento de todas as mães do país com os expurgos (num tom muito próximo ao do *Réquiem*) – como também à falta de esperança de que esse estado de coisas possa mudar: o Padishah (Stálin) é abençoado por Alá e tão poderoso que segura o universo nas mãos como a conta de um rosário. Este poema só pôde ser publicado na União Soviética em 1966 na revista *Radio i Televízia*.

Um pouco de geografia

Escrito após o último encontro de Akhmátova com Óssip Mandelshtám, que voltara a Leningrado pouco antes de sua segunda deportação. O poema descreve uma visão da cidade – cuja paisagem é um dos temas fundamentais na obra de Mandelshtám –, relembrada a partir dos diferentes locais onde ficavam os campos de internamento do terror stalinista. O próprio Mandelshtám, em um de seus poemas, menciona "a noite em que corre o Ienissêi", pois havia campos à beira desse rio; e Akhmátova cita esse verso em um dos trechos do *Réquiem*. Tchitá é a capital da Zabaikália. O Íshim é uni afluente do Írtish que atravessa o Cazaquistão, passando pelos campos que havia em Akmolínsk e Pietropávlovsk. Írguiz fica às margens do rio do mesmo nome, no Cazaquistão, e é árida porque ele fica seco a maior parte do ano. Átbassar, também no Cazaquistão, ficou célebre justamente pela dureza de seus campos. Alieksêievsk, na província de Amur, recebeu, em 1924, o nome de Svobódnigrad (Cidade Livre) e tornou-se, ironicamente, o centro administrativo dos campos de toda a região. Os dois últimos versos evocam três grandes cantores da antiga Petersburgo: o "primeiro dos poetas", Aleksandr Púshkin, "nós pecadores" (a própria Akhmátova) e Mandelshtám. Este poema foi publicado pela primeira vez em 1970, no livro de memórias de Nadiêjda Mandelshtám, e só consta das edições integrais mais recentes editadas na Rússia: a de T.A. Górkova (Ellis-Lak, 1988-2005), por exemplo.

Estrofes

Uma vez mais, Akhmátova usa o recurso comum, na poesia russa, desde os tempos de Púshkin: falar de personagens históricas que o leitor pode comparar às autoridades opressivas do presente. "Felizmente essas autoridades nunca descobriram o poema", comenta Roberta Reeder, "pois ela poderia ter compartilhado o destino de exilado de Púshkin ou, o que é pior, o de Mandelshtám". Ele só existe na edição Struve-Filípov, publicada nos Estados Unidos, e não há notícias de que tenha aparecido na União Soviética em outra forma que não seja a de *samizdat* (mimeografado e passado de mão em mão). Há no primeiro verso um jogo de palavras intraduzível: *Stréliets*, o nome do signo de Sagitário, designa também a guarda de elite criada por Ivã, o Terrível, que em 1698 rebelou-se contra Pedro, o Grande e foi cruelmente massacrada. Os Preobajênski – assim como os Semiônovski –, nomeados a partir das aldeias em que tinham seus quartéis, eram as guardas de elite criadas em 1690 por Pedro, o Grande; "tinham razão" por preferirem acantonar-se fora das muralhas do Kremlin. Personagem do drama de Púshkin em que se baseou a ópera de Mússorgski, Borís Godunóv era o genro de Ivã, o Terrível, e reinou de 1598 a 1605. Suspeitava-se que, para subir ao trono, tivesse mandado matar o *tzarévitch* Dmitri. Com as faculdades mentais alteradas, retirou-se para um convento diante do avanço das tropas, apoiadas pelos inimigos poloneses, do Impostor: o monge Gríshka Otrépiev, que afirmava ser o herdeiro. O Falso Dmitri derrubou Fiodor II, filho de Borís, e ficou um ano no poder, até ser destronado pelo boiardo Vassíli Shúiski. Depois de morto, seu corpo foi incinerado, e as cinzas, colocadas em um canhão, foram atiradas em direção ao Ocidente, de onde ele viera.

Resposta tardia

Marina Tsvietáieva (1892/1941), uma das maiores poetisas russas do início do século XX, teve por Akhmátova, desde cedo, uma admiração que beirava a idolatria. Em seu segundo livro, *Verstas* (1921), ela lhe dedicou um ciclo de dez poemas, *Akhmátovoi*, escrito entre 19 de junho e 2 de julho de 1916, do qual é tirada a epígrafe. Embora ambas se correspondessem por muito tempo, só se viram duas vezes, em junho de 1941, depois que Marina, não tendo suportado viver no Ocidente, decidiu voltar à União Soviética (pouco depois, ela seria compulsoriamente removida para Ielabuga, na República da Tartária, onde, desesperada por não encontrar nenhum outro emprego, senão o de faxineira, se enforcaria, em 31 de agosto de 1941).

Este poema, editado pela primeira vez nos Estados Unidos, na edição de Struve-Filípov, pôde ser incluído, em 1987, na edição Tchôrnikh. No segundo volume dessa obra – na seção intitulada "Vospominânia" (Memórias) – estão também três breves notas em prosa sobre os dois encontros que Anna e Marina tiveram, em casa dos amigos comuns Víktor Árdov e Nikolái Khárdjiev.

"O abismo engoliu os meus parentes" – Tsvietáieva teve uma vida pessoal marcada pela violência. Seu marido, Serguêi Efrôn, aderiu, após a Revolução, ao exército rebelde dos Brancos, chefiado pelo general Kornílov; e, após a derrota desse grupo, teve de exilar-se. Mas Marina ficou retida em Moscou até 1922; ali a sua segunda filha morreu durante a epidemia de fome de 1919. No exterior, Efrôn aderiu ao grupo dos Eurasianos, intelectuais que tendiam a aceitar o sistema soviético com base em considerações históricas e patrióticas, mas teve de voltar à União Soviética depois que se descobriu que, em 1937, participara da conspiração para o assassinato, na Suíça, do líder emigrado Ignacy Reiss. Quando Tsvietáieva voltou a seu país, em junho de 1939, sua primeira filha, Ariadna – a quem ela chamava de Ália –, que retornara antes dos pais, tinha sido mandada para um campo de concentração. E Efrôn, cujo passado no Exército Branco o fizera cair em desgraça com as autoridades stalinistas, fora preso e executado. Após sua morte, o filho Gueórgui – a quem ela chamava de Mur – alistou-se no Exército Vermelho e morreu na frente de batalha. Ália só foi posta em liberdade em 1956.

A torre Marínkina, nas muralhas de Kolomiênski, foi o local do encarceramento da polonesa Marina Mníshek, amante e aliada de Dmitri, o Impostor (ver a nota ao poema "Estrofes"); o local é escolhido por suas assonâncias com o nome de Marina e pela conotação de sofrimento que traz.

FRAGMENTOS ÉPICOS E DRAMÁTICOS
E POEMAS LONGOS

Das "Elegias do norte"

Das sete *Elegias* que Akhmátova planejou escrever entre 1940 e 1958, apenas quatro foram publicadas no *Sétimo livro*: "Pré-história", "Ei-la aqui – a paisagem de outono", "Eu, como um rio", e "Há três épocas para a lembrança". Em suas edições, V. Jirmúnski e R. Reeder incluem as outras duas – "Sobre os anos 1910" e "Era horrível viver naquela casa" – em separado, sob o título *Acréscimos*. Entre os poemas dispersos de 1957 a 1965, Reeder coloca os fragmentos existentes da Sétima: "E eu me calei, por trinta anos me calei". Em 1987, V. A. Tchórnikh optou por uma solução diferente: na seção "Niêtchet" (ímpar), do *Sétimo livro*, publicou as seis primeiras, numa ordem diversa, sem os fragmentos da Sétima. Nesta seleção, respeitou-se a numeração usada por Jirmúnski e Reeder.

Pré-história (Primeira Elegia)

A versão original deste poema fazia parte do "Caderno Queimado", um conjunto de manuscritos que Akhmátova, numa fase de intensas perseguições, teve de destruir. Ela o reescreveu de memória, mais tarde, embora afirmando não ter conseguido reconstituí-lo em sua forma primitiva. A epígrafe é do poema "Casa em Kolômna", de Púshkin.

No manuscrito inacabado de suas *Memórias*, que se encontra na Biblioteca Pública Saltikóv-Shtchedrín, em Leningrado, Akhmátova assim descreve a antiga capital: "A primeira camada, para mim, é a da Petersburgo da década de 90, a Petersburgo de Dostoiévski. Ela se vestia da cabeça aos pés com placas horrorosas – roupa de baixo, cintas, chapéus –, sem árvores, sem grama, sem flores; tambores tocavam continuamente, lembrando sempre a pena capital; falava-se francês e havia grandiosos cortejos fúnebres ao longo das amplas avenidas descritas por Mandelshtám."

• A rua Gorokhováia, no centro de Leningrado, passou a se chamar rua Dzerjínski, pois ali ficava a sede da Tcheká; depois da dissolução da URSS, ela readquiriu o antigo nome.

- Estilo Moderno era o nome que, na Rússia, dava-se ao *art nouveau*, com suas linhas onduladas baseadas em formas orgânicas;
- Nikolái Niekrássov (1821-1878) foi o autor de uma poesia engajada, em que descrevia os sofrimentos dos camponeses e operários, tendo exercido grande impacto sobre a jovem Akhmátova; Mikhaíl Saltikóv-Shtchedrín (1826-1889) dirigia suas sátiras contra os burocratas, o oficialato, a classe média e os proprietários de terras;
- Dostoiévski viveu, na década de 1870, em Stáraia Russa, entre Moscou e Leningrado, na região das colinas de Valday, e nela ambientou seu *Irmãos Karamázovi;*
- Em Optina, no distrito de Kozélski, ficava um mosteiro que era um grande centro de peregrinação, visitado por muitos intelectuais; nele, Dostoiévski conheceu o monge Ambrósio, que se tornou o modelo para o Velho Zósima dos *Irmãos Karamázovi:*
- Baden Baden é o elegante balneário alemão onde Dostoiévski costumava jogar;
- A "mulher de olhos translúcidos" é Inna Ierázmovna Gorienko (1852-1930), a mãe de Akhmátova;
- Após ter sido libertado da prisão, Dostoiévski viveu em Omsk entre 1850 e 1854;
- A praça Semiônov foi o local da punição de Dostoiévski: condenado à morte por pertencer a um grupo revolucionário, ele foi agraciado no último momento e mandado para os trabalhos forçados, que descreveu em *Memórias da casa dos mortos.*

POEMA SEM HERÓI – UM TRÍPTICO 1940-1962
(*Poéma biez Gueróia – Tríptikh 1940-1962*)

Amanda Haight, em *Anna Akhmatova: a Poetic Pilgrimage* (Oxford University Press, 1976), afirma que, ao visitar Oxford em 1965, a própria autora aprovou o texto do poema a ser publicado na *Slavonic and East European Review,* XLV nº 105, em julho de 1967. Esse foi o texto que, no ano seguinte, foi reproduzido por Struve e Filípov em sua edição completa. Ele difere, em algumas variantes e cortes, da versão publicada na União Soviética por

V. Jirmúnski (1979) e reproduzida por Tchôrnikh (1987). Essa tradução baseou-se na edição de Roberta Reeder, que combina a de Struve-Filípov com algumas revisões posteriores registradas por Jirmúnski.

O título do poema foi sugerido a Akhmátova pelo início do *Don Juan,* em que Byron, lamentando-se que sua época perdera todo o caráter épico, exclama: "I want a hero...". Isaiah Berlin conta que, durante a sua visita à autora em 1945, ela declamou de memória vários trechos do poema inglês, dizendo-lhe haver uma relação estreita entre ele e o seu próprio. A epígrafe geral do poema também está relacionada com a figura do Burlador de Sevilha: é tirada do libreto de Lorenzo da Ponte para o *Don Giovanni* de Mozart; é a frase com a qual a estátua do Comendador adverte ao libertino que sua hora de morrer está próxima.

No lugar de um prefácio

Akhmátova coloca, acima desse texto explicativo, a divisa "Deus vela sobre todos", da Casa Fontán, onde morou de 1926 a 1941 e de 1944 a 1952 e onde começou a escrever o *Poema*. A epígrafe é da última estrofe do *Ievguéni Oniéguin,* em que Púshkin, depois de terminar o seu romance em versos, despede-se dele e imagina quem serão os seus futuros leitores. A citação, no final do texto, é de Pôncio Pilatos em *João* 19, 22.

Dedicatórias

A primeira dedicatória é para Vsiévolod Kniázev, o jovem oficial e poeta, freqüentador do Cachorro Perdido, cujo suicídio em 1913, em conseqüência do amor frustrado pela atriz, cantora e dançarina Olga Glébova-Sudêikina, amiga de Akhmátova, deixou-a profundamente traumatizada. A segunda é para a própria Olga Afanássievna, a quem Akhmátova refere-se como Confusão-Psiquê, dois papéis que ela interpretou, em 1913, em dramas simbolistas de Iúri Bieliáiev, encenados no Teatro Suvorín. No decorrer do *Poema,* Olga aparecerá com outras personificações: Colombina, a Ninfa de pés de bode, a Pomba, a Boneca de Petersburgo e um dos duplos da própria autora. Segundo Jirmúnski, essa dedicatória foi escrita quando Akhmátova soube que Olga tinha morrido, em

Paris, em 20 de janeiro de 1945. A terceira dedicatória tem como epígrafe o primeiro verso de *Svetlana*, balada de Júkovski, em que a heroína, desejando adivinhar o futuro, senta-se com uma vela nas mãos, diante do espelho, e tem a visão do homem que ama. Essa citação liga-se à figura do dedicatário, Isaiah Berlin, a quem, no *Poema*, Akhmátova chama de "o Hóspede do Futuro" – um sinal da esperança que tinha de que as condições mudassem e de que ele pudesse voltar a visitá-la sem medo e sem conseqüências trágicas (Akhmátova estava convencida de que seu encontro não-autorizado com esse estrangeiro, funcionário de uma embaixada, fora o responsável pela nova prisão de Liev e por sua expulsão da União dos Escritores).

Introdução
Após ler a primeira versão do *Poema*, sua amiga Tamara Gabbé lhe escrevera: "Tem-se a impressão de que subiste ao topo de uma torre e, de lá, do alto de outra era, olhas para baixo e examinas o passado". Lídia Tchukôvskaia conta que, ao assinalar a Akhmátova que ela aproveitara essa idéia na *Introdução*, ela respondeu: "É estranho, muito estranho. Sempre escrevi meus poemas sozinha Mas não o *Poéma biez Gueróia*. Este, eu o escrevo em coro com os outros, como se o estivessem sussurrando para mim. Foi o caso dessa torre..."

PRIMEIRA PARTE
O ANO DE MIL NOVECENTOS E TREZE

Akhmátova dá-lhe o subtítulo de "Um conto de São Petersburgo", o mesmo de *O cavaleiro de bronze*, uma narrativa romântica de Púshkin sobre a fundação da antiga capital.

Primeiro capítulo
Primeira epígrafe: são os dois primeiros versos da segunda estrofe de "Depois do vento e da geada", escrito em janeiro de 1914 e publicado em *Rosário*.
Segunda epígrafe: no capítulo V, estrofe 10 do *Ievguéni Oniéguin*, Tatiana tenta invocar a imagem do homem que ama, acendendo

uma vela, no escuro, diante do espelho; porém, ele não aparece. "Tatiana encheu-se de pânico", diz o poeta, "e eu também fiquei com medo (....) Que seja assim! Com Tatiana não tiraremos a sorte!"

Terceira epígrafe: do *Don Juan* (livro I, estrofe 212), no trecho em que Byron, falando das polêmicas literárias em que se engajou, afirma: "I was most ready to return a blow/ and would not brook at all this sort of thing/ in my hot youth – when George the Third was king".

"Acendi as velas consagradas": referência à prática mágica – executada por Tatiana no *Oniéguin* – de acender velas diante do espelho, para conjurar pessoa mortas ou distantes que se quer rever; a autora o faz, pois deseja que o "Hóspede do Futuro" volte a procurá-la, indo com ela ao encontro do ano-novo.

"E o vinho, qual veneno, arde": citação do final da segunda estrofe da "Balada do ano-novo", escrita em 1923 e publicada em *Anno Domini MCMXXL*. Os dois últimos versos do poema – "Temos de beber àquele/ que ainda não está aqui conosco" – torna mais clara a relação desse texto com a idéia da vinda do "Hóspede do Futuro".

"Dapertutto": personagem das *Aventuras de ano-novo*, de E. T. A. Hoffmann, autor a cujas fantasmagorias Akhmátova associa o clima de pesadelo do *Poema* – era esse o pseudônimo do diretor de teatro Vsiévolod Meierhôld, usado na revista que ele dirigia, *Liubôv k triom apielsínam* (Amor de Três Laranjas), na qual Akhmátova publicou vários poemas. O título da revista homenageia a peça de Carlo Gozzi em que se baseou a ópera de Prokófiev.
"Iokanaan" e "Salomé": são personagens da ópera de Richard Strauss, baseada na peça de Oscar Wilde que, na época evocada no *Poema,* fazia um sucesso de escândalo em Petersburgo.

"Glahn": é um personagem dos romances *Pan* e *Victoria,* do norueguês Knut Hamsun; como Kniázev, ele se suicida, torturado por um amor não-correspondido.

A "Ninfa com pés de bode": assim Glébova-Sudêikina se apresentou, em 1912, no balé *Pliás Kozlonóguikh* (A dança das ninfas com pés de bode), com música de Iliá Satz; existe uma foto que a mostra assim caracterizada.

O "homem da Máscara de Ferro": no romance homônimo de Alexandre Dumas pai, é um imaginário irmão gêmeo de Luís XIV, que o rei teria mantido preso na Bastilha, com o rosto encoberto, para afastá-lo da sucessão.

"Está tudo muito claro: se não é a minha, de quem é então?": a respeito desses versos – no original, "Iásno vsiô: nie ko mniê, tak k komú jê?" – a própria Akhmátova observa, numa nota, que a aliteração do /k/ sugere a sua perturbação diante da consciência de que chegou a hora de "pedir perdão por um antigo pecado", ou seja, pela sensação que lhe ficara de que, de alguma forma, tinha sido responsável pela morte de Kniázev (na Introdução a seus *Poems of Akhmátova* (1973), Max Hayward escreve: "Embora as circunstâncias exatas permaneçam obscuras, parece que ela própria estava envolvida nessa história o bastante para assumir parte da culpa (...). Mas fossem quais fossem os fatos reais, o importante é que, a seus olhos, eles se transformaram em uma parábola para os pecados de um mundo que, com a eclosão da guerra de 1914, passaram por um longo e terrível processo de expiação").

"Um deles escondeu o rabo sob a cauda do fraque...": Há aqui uma série de referências depreciativas ao poeta simbolista Mikhaíl Kuzmín (1875-1936). Ela o identifica com o Príncipe das Trevas, usando para ele a mesma expressão – "é tão elegante, mas manca..." – com que Goethe, na parte I do *Fausto,* descreve Mefistófeles. Apesar das boas relações que a princípio tivera com Kuzmín – ele foi o autor do prefácio de *Viétcher* e exerceu alguma influência sobre ela no início da carreira –, Akhmátova afastou-se gradualmente dele por desaprovar seu comportamento e o que considerava a sua leviandade ("bajulador e escarnecedor de todos nós"). Kuzmín era homossexual – esse é o tema predominante em suas *Aleksandríiskie piésni* (Canções de Alexandria, 1908) – e teve um caso com Kniázev antes que este se apaixonasse por Glébova-Sudêikina. Akhmátova achava que, após a ruptura, ele fizera de tudo para prejudicar o jovem Vsiévolod e, na estrofe 7 da parte II do *Poema,* acusa-o de não ter se compadecido com a morte do ex-amante: "Eis de novo o velho Cagliostro bancando o bobo –/ esse elegante Satanás/ que não há de chorar comigo pelos mortos,/ pois não sabe o que significa consciência/ e nem por que a consciência existe". Ela o chama de Cagliostro, tanto na primeira quanto na segunda parte do *Poema,* pois Kuzmín publicara, em 1919, uma biografia romanceada do aventureiro italiano Giuseppe Bolzano, que se fazia chamar de conde Alessandro Cagliostro; a escolha desse nome contém, naturalmente, uma crítica ao que ela considerava o charlatanismo de Kuzmín. Mas há ainda uma outra razão, de caráter literário, para que, mesmo contra a vontade da autora, a sombra de Kuzmín – que emigrara para o Ocidente, onde dedicara o resto de sua vida a fazer traduções – se insinue entre os espectros de 1913 que a visitam. O *Poema sem herói* é também, de certa forma, uma resposta ao poema longo *A truta rompe o gelo* (1929), em que Kuzmín fez um retrato, que ela considerava falso e superficial, da vida boêmia pré-revolucionária (Kniázev era uma das personagens desse texto). A esse respeito, comenta Roberta Reeder: "Akhmátova acusava implicitamente Kuzmín de ter esquecido o trágico acontecimento do suicídio de Kniázev, a que só se refere de passagem em *A truta rompe o gelo.* Para ela, esquecer era um pecado mortal. A memória torna-se, assim, uma categoria moral: a pessoa lembra-se do que fez de mal, arrepende-se e alcança a redenção. Esquecer esses fatos ou não levá-los a sério, como o fez Kuzmín, caracteriza, para ela, uma era de cinismo e frivolidade vivida pela Rússia, à beira de mergulhar no abismo (...). Falando a Tchukóvskaia, Akhmátova descreveu a leviandade de Kuzmín: 'Levávamos tudo a sério, mas, nas mãos de Kuzmín, tudo virava brincadeira... Ele era muito mesquinho e malicioso. Gostava de dizer coisas horríveis sobre todo mundo. Não suportava Blok porque o invejava... Seu salão exercia má influência sobre os jovens – eles achavam que aquilo era o auge da arte e do pensamento, mas, na verdade, era corrupção, pois lá zombava-se de tudo, era tudo levado na brincadeira...' (...) Mas talvez, ao escrever o *Poema sem herói,* Kuzmín tenha-se transformado no bode expiatório dos pecados pelos quais ela se sentia culpada. Na verdade, Kuzmín sofreu muito quando sua relação com Kniázev se rompeu, e uma leitura cuidadosa de *A truta rompe o gelo* revela sua obsessão, no fim da vida, com a imagem do ex-amante. No poema de Akhmátova, ele surge como o símbolo do mal no passado (...) pois ela o via como um dos instigadores da maldade, da zombaria e do cinismo em sua época."

"Mas agora tenho medo: vou entrar lá/ sem tirar meu xale de renda": Akhmátova parece relembrar os momentos de tensão que precediam sua entrada no pequeno palco do Cachorro Perdido para declamar seus poemas diante do público. O xale é o que ela usava na juventude e que foi celebrado por Blok no poema mencionado na introdução a este livro.

O "vale de Josafá": é, segundo a tradição, o lugar do Juízo Final; só ali Akhmátova quer encontrar-se com seu eu de outrora, que ela descreve como na época em que freqüentava o Cachorro Perdido.

A esta altura, é inserido um poema em que Akhmátova evoca a (im)possibilidade do retorno do "Hóspede do Futuro", Isaiah Berlin. Em "Na realidade", segundo poema do ciclo *As roseiras silvestres florescem*, escrito em 13 de junho de 1946, ela voltará a falar da "fumaça azulada do charuto/ e o espelho onde, como na água pura/ poderias estar agora refletido". De resto, o nome SALA BRANCA, escrito na vertical do poema, é o da Galeria dos Espelhos, no palácio de Sheremétiev, onde se passa a ação do *Poéma biez Gueróia*. Na superfície desses espelhos – como a Tatiana do *Oniéguin* – ela gostaria de ver aparecer a imagem do estrangeiro, que invoca inutilmente. Mas, ao contrário dos espectros de 1913, ele ainda está vivo, e é por isso que "são mornas as suas mãos" e ela pode ter a esperança de que ele volte, "virando a esquerda ao sair da ponte" (de fato, em seu artigo, Berlin lembra-se ter sido necessário "cruzar a ponte Anítchkov e virar à esquerda, no embarcadouro, para chegar à Casa Fontán").

A "sombra supérflua... sem rosto e sem nome", que também surge entre os espectros, é Aleksandr Blok. Tudo leva a crer que era ele o homem que estava com Olga Afanássievna na noite em que Kniázev se matou. Ela se refere a Blok aludindo a um artigo do crítico V. R. Toporóv sobre sua poesia, que se intitulava *Nem rosto nem nome*. E o descreve "vestido como um marco listrado à beira da estrada, espalhafatosamente pintado". As *verstas*, ou marcos pintados, eram visões familiares no acostamento das estradas russas. A evocação de Blok como uma figura demoníaca que se esgueira entre os mascarados é feita a partir de uma associação com o poema de Púshkin "Os demônios", de 1830, em que o poeta, perdido no meio de uma tempestade de neve, confunde um desses marcos listrados com os diabos que parecem estar rodopiando à sua volta.

"Meu conto de Hoffmann da meia-noite": Akhmátova sempre associa a descrição da paisagem da antiga capital, feita em obras como os contos de Gógol, o *Duplo* de Dostoiévski ou *Petersburgo* de Andrêi Biéli, ao clima de pesadelo e fantasmagoria dos escritos de E. T. A. Hoffmann.

"Lysisca": era o pseudônimo usado por Messalina, a terceira mulher do imperador Cláudio, famosa por sua libertinagem, quando saía incógnita pelas ruas de Roma.

"Contemporâneo do carvalho de Mamre": alusão ao carvalho sagrado mencionado em *Gênesis* 12, 6 e 35, 4; significa antigo como os tempos bíblicos.

O rei babilônio Hamurábi (cerca de 1925 a. C.), o espartano Licurgo (séc. XIX a.C.) e o ateniense Sólon (séc. XVI a.C.) são Legisladores da Antigüidade.

"O que para mim tornou-se o mais amargo dos dramas": uma vez mais Akhmátova demonstra ter sido perseguida, a vida inteira, pelo sentimento obsessivo de que, de alguma forma, era culpada pela morte de Kniázev.

"Abram alas ao herói!" assinala a entrada em cena do próprio Kniázev, personagem central desta primeira parte do *Poema*. No poema inserido a esta altura – "É devagar que ele me inunda" – é dele a voz que a autora ouve, num sussurro, despedindo-se de Olga, depois de tê-la visto, na praça, com outro homem ("duas sombras se fundem"). A frase que ele diz antes de se suicidar na escadaria em frente à sua casa – "Estou pronto para morrer" – foi na realidade dita a Akhmátova por Mandelshtám, durante um passeio em Leningrado em fevereiro de 1934, três meses antes de ser preso e deportado pela primeira vez; e faz, assim, a ligação entre o sacrifício de Kniázev e o de todas as vítimas, no presente, do terror stalinista.

"Aquele que de repente mostrou a cara na janela" é uma alusão a Nikolái Gumilióv. No poema "O terror, apontando o dedo para as coisas no escuro", escrito em 28 de agosto de 1921, logo após o fuzilamento do primeiro marido, ela fala de "alguém com uma brilhante barba negra/ que aparece de repente na janela do sótão" *(Anno Domini MCMXXI)*. Essa parece ser uma típica imagem de pesadelo recorrente.

"Alguém de pé entre a cristaleira e o fogão": alusão à cena do suicídio do Kirílov, em *Os demônios*, de Dostoiévski; esse revolucionário, obcecado pela idéia do auto-extermínio, é encontrado nessa posição estranha, depois que se enforca. Estas são as últimas imagens fantasmagóricas que Akhmátova vê depois que os espectros a desertam, deixando-a sozinha de novo em seu quarto.

Segundo capítulo
A epígrafe é tirada de *Rosário*. Colombina era uma das personagens de Glébova-Sudêikina. O Comendador é uma referência a um poema de Blok, de 1912, a respeito da história de Don Juan.

"os empregadinhos mouros": na montagem do Don Juan de Molière, feita por Meierhôld no Teatro Aleksandrínski, em 1910, os contra-regras, vestidos como empregados mouros, movimentavam-se pelo palco trocando os cenários;

• "descendo do retrato": era assim que Sudêikina entrava em cena na montagem da *Psiquê*, de Bieliáiev;

• "a vela cidade de Piter": esse era o apelido dado a São Petersburgo;

• "a prima-dona": é a bailarina Anna Pávlova, famosa por sua interpretação da "Morte do cisne", com música de Saint-Saëns e coreografia de Mikhaíl Fôkin (conhecido no Ocidente como Michel Fokine);

• "esta voz familiar": é a do baixo Fiódor Shaliápin, um dos mais conhecidos cantores do elenco do Maríinski;

• "o corredor dos Doze Colégios": hoje no prédio da Universidade de São Petersburgo (ex-Leningrado), foi construído entre 1722 e 1733, pelo arquiteto Domenico Tressini, por ordem de Pedro I, para abrigar os doze ministérios (colégios);

• "a máscara de Petrúshka" e a "dança dos cocheiros": referências ao balé *Petrúshka*, de Stravínski; durante o inverno, acendiam-se fogueiras na rua para aquecer os cocheiros que ficavam à espera de seus patrões;

- "a bandeira preta e amarela": com a águia imperial, era hasteada sobre o Palácio de Inverno quando o tsar ali se encontrava.
- "o inferno de Tsushima": é uma referência à destruição da frota russa na batalha do estreito de Tsushima, em 1905, durante a Guerra Russo-Japonesa.
- "está lá sozinho": Aleksandr Blok, que Akhmátova considerava "não só o maior poeta do início do século XX, mas também o homem mais característico de sua época";
- "o demônio": é uma alusão à personagem do poema narrativo de Liérmontov, que tenta encontrar uma salvação para o niilismo no amor da bela Tâmara; seu beijo a destrói, mas ela é salva por um anjo: o seu noivo é o príncipe Sinodal, que tinha sido morto pelo Demônio. É famoso o quadro de Mikhaíl Vrubel que representa a personagem;
- "neste salão superlotado": referência a "No restaurante", poema de Blok em que o narrador sonha ter mandado uma rosa negra a uma bela mulher;
- "vem ó Inocente": palavras de um hino à noiva na liturgia nupcial da igreja russa ortodoxa;
- "a Capela Maltesa": construída entre 1798 e 1800, no antigo Palácio Vorôntsov, no qual funcionava a escola militar.
- em seu livro sobre Akhmátova, Lídia Tchukôvskaia conta que ela lhe disse, certo dia, que precisava inserir, no *Poema sem herói*, uma referência às praças cobertas com tacos de madeira, características de São Petersburgo;
- "*skobar*": é o apelido dos habitantes de Pskov, de onde vinham os antepassados de Olga Glébova-Sudêikina (segundo Jirmúnski, o avô de Olga era um camponês);
- "O dragão Pierrô": é Kniázev; no "Teatro de Marionetes" de Blok, Pierrô também vê alguém beijando a sua Colombina e, quando se aproxima dela, a moça transforma-se em uma imagem de papelão;
- "seu rival": é Blok.

Terceiro capítulo

Primeira epígrafe: uma citação de "Meu coração bate calmamente", o segundo poema do ciclo *Versos sobre Petersburgo*, de 1913, publicado em *Rosário*. Struve e Filípov afirmam, em sua edição, que esse ciclo pertence a uma fase em que Akhmátova teve um envolvimento amoroso com Serguêi Sudêikin, o marido de Olga Afanássievna. O arco da Galiérnaia, construído por Karl Rossi no início do século XIX, ligava a praça do Palácio de Inverno à Perspectiva Niévski, a avenida mais importante de Petersburgo.

Segunda epígrafe: início de um poema escrito por Mandelshtám em 25 de junho de 1920, e publicado em *Tristia* (1922), seu segundo livro.

Terceira epígrafe: é 1913 o "ano passado" de que fala Mikhaíl Lozínski em um dos poemas de sua coletânea *Fontes da montanha*, publicada em 1916.

"Últimas reminiscências de Tsárskoie Seló": é o título de um poema de 1829, em que Púshkin relembra a sua juventude e como era a Rússia às vésperas da invasão napoleônica – da mesma forma que Akhmátova relembra a sua mocidade em Petersburgo, às vésperas da Primeira Guerra Mundial.

"Nossa Idade de Prata": assim a historiografia literária soviética designa o período de grande florescimento da poesia que houve no início do século XX, por oposição à Idade de Ouro, que foi a de Púshkin e seus contemporâneos.

"Amaldiçoada pela tsaritsa Avdótia": a primeira mulher do tsar Pedro, o Grande, Avdótia (Evdokía Lopukhína), opôs-se de tal forma à mudança da capital de Moscou para Petersburgo, que ele a repudiou, mandando-a para um convento. Avdótia amaldiçoou então a cidade: "Byt pústu miéstu siemú" (Que este lugar fique vazio) – essa frase é usada como uma das epígrafes do "Epílogo", parte III do "Poema biez Gueróia".
"Dostoievskiana e possessa": relacionar com a visão que Akhmátova tem da paisagem de Petersburgo em "Pré-história", a primeira das "Elegias do norte". Na nota sobre esse poema, está citado um texto em prosa em que ela insiste na freqüência com que se ouvia o som de tambores anunciando execuções.

"O autêntico século Vinte avançava" – "As datas no calendário não têm sentido", escreveu ela em seu esboço autobiográfico. "Na essência, ninguém sabe em que época está vivendo. Nós tampouco sabíamos, no início de 1913, que vivíamos à beira da primeira guerra européia e da Revolução de Outubro". Com o recuo no tempo, Akhmátova se dá conta de que o século XX só se iniciou realmente com o divisor de águas que foi a Primeira Guerra. Até então, persistiam um estado de espírito e um estilo de vida que prolongavam os do século anterior.

A Galeria Kamerônaia foi acrescentada ao Palácio de Catarina, a Grande, em Tsárskoie Seló, entre 1783 e 1786, pelo arquiteto escocês Charles Cameron.

As "nove" que gostarão de revê-la são as Musas, cujas estátuas a esperam, nos jardins de Tsárskoie Seló.

Quarto e último capítulo
A epígrafe é de *E não há melodias*, poema de V. Kniázev.
O Campo de Marte era um local para paradas entre o Jardim de Verão, o Jardim Mikhailóvski e o rio Nevá.
• "cachos amarelo pálido" refere-se a um poema de 1911, de Kniázev: "Quantas vezes passei pela janela/ e vi os cachos amarelo pálido/ com que o vento brincava ternamente...";
• "cascos invisíveis" é uma referência ao *Cavaleiro de Bronze*, o poema de Púshkin sobre a estátua eqüestre de Pedro, o Grande;
• "A Estrada de Damasco" era o nome de um mistério litúrgico estilizado, encenado no Cachorro Perdido, de que Olga Glébova-Sudêikina tomou parte. Jirmúnski cita, em suas notas, um poema de janeiro de 1913, em que Kniázev dizia: "Beijei os 'portões de Damasco'/ guardados por um escudo entrelaçado de musgo./ Que agora a máscara seja posta em meu rosto,/ o mais feliz de todos!";
• "os amaldiçoados pântanos de Mazur" é um campo de batalha em que muitos russos morreram em agosto de 1914; o mesmo aconteceu na campanha dos Cárpatos (1914-1916) contra os austríacos.

SEGUNDA PARTE
O OUTRO LADO DA MOEDA

A primeira epígrafe é um verso da rainha Mary da Escócia. Amanda Haight diz que, no manuscrito, Akhmátova o atribuía a T. S. Eliot, de certo por confundi-lo com "In my beginning is my end" (East Coker) e "Time future is contained in Time past" (Burnt Norton), ambos dos *Four Quartets*. A segunda epígrafe é da estrofe 12 de "A casa em Kolômna", de Púshkin. A terceira pertence a um poema de Nikolái Liúiev, intitulado "Estou zangado contigo...", dedicado a Akhmátova.

• "havia três deles": refere-se, provavelmente, a Blok, Kuzmín e Kniázev;

• "Soft embalmer": vem do primeiro verso do soneto "To Sleep", de Keats: "O soft embalmer of the still midnight!".

• "Pássaro azul": é uma referência à peça *L'Oiseau Bleu* (1909), do simbolista Maurice Maeterlinck, em que duas crianças vão ao reino do sonho em busca do pássaro mágico;

• "os parapeitos de Elsinore": o local onde o espectro do pai aparece para Hamlet, dizendo-lhe que foi assassinado pelo irmão;

• "Cagliostro": é uma referência a Mikhaíl Kuzmín – autor de uma biografia do aventureiro conde Cagliostro, publicada em 1919 –, que ficou furioso quando Kniázev rompeu com ele por causa de Sudêikina;

• o "hino dos Querubins": pertence à liturgia ortodoxa russa;

• as edições de Struve-Filípov e Jirmúnski não incluem as estrofes 9 a 13; Roberta Reeder as registra em separado (anexos ao *Poema sem herói*), informando que Lídia Tchukôvskaia as tinha preservado, depois que Akhmátova as cortou do manuscrito com medo da censura; aqui, eu as restabeleço no lugar onde deveriam estar: "o meu Sétimo" é uma referência ao *Sétimo livro* (*Siedmáia Kniga*), reunindo os poemas de 1934 a 1964; Nadiêjda Mandelshtám contou a Akhmátova que "cento-e-cinco" era o nome que se dava aos exilados que não podia aproximar-se a menos de 105 quilômetros de qualquer cidade grande;

• Lúga era uma cidade vizinha a São Petersburgo; e "a terra dos dominós de cetim" é Veneza, onde as pessoas assim se vestem durante o Carnaval;

- "plagiato": Akhmátova admite que o *Poema* está cheio de citações claras ou dissimuladas de textos de vários poetas de diversas épocas;
- "o sedutor centenário": é Púshkin, a quem Akhmátova sente-se devedora da inspiração para criar o Poema;
- O pintor romântico Karl Briullóv, contemporâneo de Púshkin, é famoso por seus retratos em que mostra as mulheres com ousados decotes e belos ombros generosamente expostos;
- "a Câmara das Estrelas": na Inglaterra, havia um tribunal, abolido em 1641, que se reunia num salão cujo teto era ornado com estrelas; nomeados pelo rei, seus juízes reuniam-se em segredo, sem júri, usavam a tortura para obter confissões e davam sentenças muito severas; é, portanto, um símbolo de injustiça e de arbitrariedade;
- "a árvore de Manfred": o herói de "Manfred" (1817), poema dramático de Byron, tendo perdido toda a simpatia pelos seres humanos, retira-se para os Alpes, onde vive solitário;
- o poeta John Bysshe Shelley, que adorava o mar mas não sabia nadar, morreu afogado, em 1822, num acidente de iate, na baía de Lerici; seu amigo George Gordon Lorde Byron organizou seus funerais, queimando-o numa pira funerária à beira-mar;
- "Clara Gazoul": nome de uma atriz espanhola fictícia, foi o pseudônimo adotado por Prosper Mérimée para publicar seu primeiro volume de peças, *Le Théâtre de Clara Gazoul*.

TERCEIRA PARTE
EPÍLOGO

As epígrafes são do poema "O cavaleiro de bronze", de Púshkin; a maldição da tsarina Avdótia, a que já me referi em nota do Terceiro capítulo da Primeira parte; e um verso de "Petersburgo", um poema de Ánnienski.
- " a sete mil quilômetros de distância": no Tashként, para onde Akhmátova foi compulsoriamente removida durante a guerra;
- "Tobruk": é o local de uma batalha famosa, no Norte da Áfroca, durante a Segunda Guerra Mundial, entre os ingleses,

comandados pelo general Montgomery, e os alemães, chefiados pelo marechal Rommel;

- "tu": refere-se ao Dr. Vladímir Gárshin, com quem Akhmátova envolveu-se amorosamente; depois que ela voltou do Tashként, em 1944, e descobriu que ele havia se casado com a sua enfermeira, Anna cortou as dedicatórias a ele da Segunda parte e do Epílogo da Terceira parte (anteriormente "para a minha cidade e para um amigo");
- "meu duplo": é provavelmente seu filho, Liev Gumilióv, que passou cerca de dez anos nos campos de prisioneiros da Ásia Central; a "vadia sem nariz" é a morte;
- "os salões do Ermitage": Akhmátova e Gárshin costumavam visitar as galerias do Ermitage, o museu instalado no antigo Palácio de Inverno; o Campo de Vólkov é o cemitério de Leningrado.
- "aquela outra": essa passagem do poema refere-se à personagem do romance *O mestre e a margarida*, de Mikhaíl Bulgákov: depois de untar-se com um ungüento que lhe foi dado pelo Diabo, Margarita voa para o monte Brocken, no topo do qual, segundo a lenda, as feiticeiras reuniam-se na véspera de 1º de maio, na Noite de Walpurgis;
- "a que chama a si mesma de *Sétima*": quando ambos estavam sendo removidos de Leningrado, o compositor Dmitri Shostakóvitch, que era muito supersticioso e temia perdê-lo, caso o avião caísse, pediu a Akhmátova que levasse consigo o manuscrito do primeiro movimento da *Sétima sinfonia*;
- "Káma": é um grande rio que corre para o sul, atravessa os Urais e desemboca no Volga;
- "Quo vadis?" (Aonde vais?): a pergunta que São Pedro teria feito a Cristo, quando este lhe apareceu no caminho para Roma, é o título do romance histórico do polonês Henryk Sienkiewicz, bastante popular em determinada época.

Referências

AKHMÁTOVA, Anna. *Sotchiniênia* Notas e comentários de V. A. Tchôrny. Introd. de Mikhaíl Dúdin Moscou. Khudojéstvennaia Literatúra, 1987. (Obras; 2 vol)

AKHMÁTOVA, Anna. *Requiem*. Trad. Paul Verlet. Paris: Minuit, 1966.

BROWN, Clarence. *The Portable Twentieth Century Russian Reader*. Londres: Penguin Books, 1985.

BUTTAFAVA, Giovanni e MARTINELLI, Milli. *Antologia della Letteratura Russa*. Milão: Fratelli Fabbri, 1969.

DIEN POÉZII 1962 E 1984. Moscou-Leningrado: Soviétskii Pisátiel Leningrádskoie Otdieliênie, 1962 e 1984.

HAYWARD, Max. *Poems of Anna Akhmátova*. Trad. Stanley Kunitz. Boston: Atlantic Monthly, Little, Brown, 1973.

KEMBALL, Robin. Anna Akhmátovas Requiem 1935/1940. In: *The RUSSIAN REVIEW*, jul. 1974, v. 33.

KLEIN, Leonard. *Encyclopaedia of World Literature in the XX Century*. Nova York: Frederick Ungar, 1981.

KOJÉVNIKOV, V.M. e NIKOLÁIEV, P.A. (org). *Literatúrnyi Entsiklopedítcheskii Slovár*. Moscou: Entsiklopiédia, 1987.

MACHADO COELHO, Lauro. *Shostakóvitch: vida, música, tempo*. São Paulo: Perspectiva, 2006.

MANDELSHTÁM, Nadiêjda. *Le mie Memorie*. Trad. e notas Serena Vitale. Milão: Garzanti, 1972.

MUCHNIC, Helen. Three Inner Emigrés: Anna Akhmátova, Óssip Mandelshtám, Nikolái Zabolotski. *The Russian Review*, jan. 1967, v. 26, n. 1.

OBOLENSKY, Dmitri. *The Penguin Book of Russian Verse*, Londres: Penguin Books, 1967.

ÓGNIEV, Vladímir. *Vó vier Gólos* (A plena voz). Comentários de Nina Shulguína. Moscou: Progress Publishers, s.d.

PARRA, Nicanor. *Poesia Soviética Rusa*. Moscou: Editorial Progresso, s.d.

PLATÓNOV, Andrêi. Anna Akhmátova. In: *Dien Poéz II 1966* (O dia da poesia, 1966). Moscou: Soviétski Pisátiel, 1966.

REAVEY, George. Russian Poetry. In: *Modern European Poetry*. Nova Iorque: Bantam Books, 1966.

REEDER, Roberta. *The Complete Poems of Anna Akhmátova /Anna Akhmátova Polnóie Sobránnie Stikhotvoriênnii*. Trad. Judith Hemschemeyer. Ensaios de Isaiah Berlin e Anatóli Náiman. Somerville: Zephyr, 1990.

RIPELLINO, Angelo Maria. *Poesia Russa deI Novecento*. Milão: Feltrinelli, 1983.

SOVIÉTSKAIA POÉZIA 50-70KH GÓDOV (A poesia soviética nos anos 50 a 70). Moscou: Izdátielstvo Rússki Iazyk, 1982.

STRUVE, Nikita. *Anthologie de la Poésie Russe: la Renaissance du XXème Siècle/Antológia Russkôi Poézii: Vozrojdênie XX-vo Viéka*. Paris: Aubier Flammarion, 1970.

THORLBY, Anthony. *The Penguin Companion to Literature*. Londres: Penguin Books, 1969. (European, v. 2)

TRIOLET, Elsa. *La Poésie Russe*. Paris: Seghers, 1965.

TVARDÓVSKI, Aleksandr. Ante la muerte de Anna Amátova. In: *Literatura Soviétic.*, Moscou: Órgão oficial da União dos Escritores da URSS, jul. 1966, n. 6.

VEIDLÉ, Wladimir Anna Akhmátova: In Memoriam. *The Russian Review,* jan. 1969, v. 28, n. 1.

VOLKÓV, A. A. *Rússkaia Literatúra XX-vo Viéka;* Literatura Russa do Século XX. Moscou: Izdátielstvo *Kníga,* 1970.

WAKEMAN, John e KUNITZ, Stanley. *World Authors 1950/70*. Nova York: The H. W. Wilson, 1966.

Coleção **L&PM** POCKET (Lançamentos mais recentes)

1058. **Pintou sujeira!** – Mauricio de Sousa
1059. **Contos de Mamãe Gansa** – Charles Perrault
1060. **A interpretação dos sonhos: vol. 1** – Freud
1061. **A interpretação dos sonhos: vol. 2** – Freud
1062. **Frufru Rataplã Dolores** – Dalton Trevisan
1063. **As melhores histórias da mitologia egípcia** – Carmem Seganfredo e A.S. Franchini
1064. **Infância. Adolescência. Juventude** – Tolstói
1065. **As consolações da filosofia** – Alain de Botton
1066. **Diários de Jack Kerouac – 1947-1954**
1067. **Revolução Francesa – vol. 1** – Max Gallo
1068. **Revolução Francesa – vol. 2** – Max Gallo
1069. **O detetive Parker Pyne** – Agatha Christie
1070. **Memórias do esquecimento** – Flávio Tavares
1071. **Drogas** – Leslie Iversen
1072. **Manual de ecologia (vol.2)** – J. Lutzenberger
1073. **Como andar no labirinto** – Affonso Romano de Sant'Anna
1074. **A orquídea e o serial killer** – Juremir Machado da Silva
1075. **Amor nos tempos de fúria** – Lawrence Ferlinghetti
1076. **A aventura do pudim de Natal** – Agatha Christie
1078. **Amores que matam** – Patricia Faur
1079. **Histórias de pescador** – Mauricio de Sousa
1080. **Pedaços de um caderno manchado de vinho** – Bukowski
1081. **A ferro e fogo: tempo de solidão (vol.1)** – Josué Guimarães
1082. **A ferro e fogo: tempo de guerra (vol.2)** – Josué Guimarães
1084(17). **Desembarcando o Alzheimer** – Dr. Fernando Lucchese e Dra. Ana Hartmann
1085. **A maldição do espelho** – Agatha Christie
1086. **Uma breve história da filosofia** – Nigel Warburton
1088. **Heróis da História** – Will Durant
1089. **Concerto campestre** – L. A. de Assis Brasil
1090. **Morte nas nuvens** – Agatha Christie
1092. **Aventura em Bagdá** – Agatha Christie
1093. **O cavalo amarelo** – Agatha Christie
1094. **O método de interpretação dos sonhos** – Freud
1095. **Sonetos de amor e desamor** – Vários
1096. **120 tirinhas do Dilbert** – Scott Adams
1097. **200 fábulas de Esopo**
1098. **O curioso caso de Benjamin Button** – F. Scott Fitzgerald
1099. **Piadas para sempre: uma antologia para morrer de rir** – Visconde da Casa Verde
1100. **Hamlet (Mangá)** – Shakespeare
1101. **A arte da guerra (Mangá)** – Sun Tzu
1104. **As melhores histórias da Bíblia (vol.1)** – A. S. Franchini e Carmen Seganfredo
1105. **As melhores histórias da Bíblia (vol.2)** – A. S. Franchini e Carmen Seganfredo
1106. **Psicologia das massas e análise do eu** – Freud
1107. **Guerra Civil Espanhola** – Helen Graham
1108. **A autoestrada do sul e outras histórias** – Julio Cortázar
1109. **O mistério dos sete relógios** – Agatha Christie
1110. **Peanuts: Ninguém gosta de mim... (amor)** – Charles Schulz
1111. **Cadê o bolo?** – Mauricio de Sousa
1112. **O filósofo ignorante** – Voltaire
1113. **Totem e tabu** – Freud
1114. **Filosofia pré-socrática** – Catherine Osborne
1115. **Desejo de status** – Alain de Botton
1118. **Passageiro para Frankfurt** – Agatha Christie
1120. **Kill All Enemies** – Melvin Burgess
1121. **A morte da sra. McGinty** – Agatha Christie
1122. **Revolução Russa** – S. A. Smith
1123. **Até você, Caputu?** – Dalton Trevisan
1124. **O grande Gatsby (Mangá)** – F. S. Fitzgerald
1125. **Assim falou Zaratustra (Mangá)** – Nietzsche
1126. **Peanuts: É para isso que servem os amigos (amizade)** – Charles Schulz
1127(27). **Nietzsche** – Dorian Astor
1128. **Bidu: Hora do banho** – Mauricio de Sousa
1129. **O melhor do Macanudo Taurino** – Santiago
1130. **Radicci 30 anos** – Iotti
1131. **Show de sabores** – J.A. Pinheiro Machado
1132. **O prazer das palavras – vol. 3** – Cláudio Moreno
1133. **Morte na praia** – Agatha Christie
1134. **O fardo** – Agatha Christie
1135. **Manifesto do Partido Comunista (Mangá)** – Marx & Engels
1136. **A metamorfose (Mangá)** – Franz Kafka
1137. **Por que você não se casou... ainda** – Tracy McMillan
1138. **Textos autobiográficos** – Bukowski
1139. **A importância de ser prudente** – Oscar Wilde
1140. **Sobre a vontade na natureza** – Arthur Schopenhauer
1141. **Dilbert (8)** – Scott Adams
1142. **Entre dois amores** – Agatha Christie
1143. **Cipreste triste** – Agatha Christie
1144. **Alguém viu uma assombração?** – Mauricio de Sousa
1145. **Mandela** – Elleke Boehmer
1146. **Retrato do artista quando jovem** – James Joyce
1147. **Zadig ou o destino** – Voltaire
1148. **O contrato social (Mangá)** – J.-J. Rousseau
1149. **Garfield fenomenal** – Jim Davis
1150. **A queda da América** – Allen Ginsberg
1151. **Música na noite & outros ensaios** – Aldous Huxley
1152. **Poesias inéditas & Poemas dramáticos** – Fernando Pessoa
1153. **Peanuts: Felicidade é...** – Charles M. Schulz
1154. **Mate-me por favor** – Legs McNeil e Gillian McCain
1155. **Assassinato no Expresso Oriente** – Agatha Christie

1156. **Um punhado de centeio** – Agatha Christie
1157. **A interpretação dos sonhos (Mangá)** – Freud
1158. **Peanuts: Você não entende o sentido da vida** – Charles M. Schulz
1159. **A dinastia Rothschild** – Herbert R. Lottman
1160. **A Mansão Hollow** – Agatha Christie
1161. **Nas montanhas da loucura** – H.P. Lovecraft
1162. (28). **Napoleão Bonaparte** – Pascale Fautrier
1163. **Um corpo na biblioteca** – Agatha Christie
1164. **Inovação** – Mark Dodgson e David Gann
1165. **O que toda mulher deve saber sobre os homens: a afetividade masculina** – Walter Riso
1166. **O amor está no ar** – Mauricio de Sousa
1167. **Testemunha de acusação & outras histórias** – Agatha Christie
1168. **Etiqueta de bolso** – Celia Ribeiro
1169. **Poesia reunida (volume 3)** – Affonso Romano de Sant'Anna
1170. **Emma** – Jane Austen
1171. **Que seja em segredo** – Ana Miranda
1172. **Garfield sem apetite** – Jim Davis
1173. **Garfield: Foi mal...** – Jim Davis
1174. **Os irmãos Karamázov (Mangá)** – Dostoiévski
1175. **O Pequeno Príncipe** – Antoine de Saint-Exupéry
1176. **Peanuts: Ninguém mais tem o espírito aventureiro** – Charles M. Schulz
1177. **Assim falou Zaratustra** – Nietzsche
1178. **Morte no Nilo** – Agatha Christie
1179. **Ê, soneca boa** – Mauricio de Sousa
1180. **Garfield a todo o vapor** – Jim Davis
1181. **Em busca do tempo perdido (Mangá)** – Proust
1182. **Cai o pano: o último caso de Poirot** – Agatha Christie
1183. **Livro para colorir e relaxar** – Livro 1
1184. **Para colorir sem parar**
1185. **Os elefantes não esquecem** – Agatha Christie
1186. **Teoria da relatividade** – Albert Einstein
1187. **Compêndio da psicanálise** – Freud
1188. **Visões de Gerard** – Jack Kerouac
1189. **Fim de verão** – Mohiro Kitoh
1190. **Procurando diversão** – Mauricio de Sousa
1191. **E não sobrou nenhum e outras peças** – Agatha Christie
1192. **Ansiedade** – Daniel Freeman & Jason Freeman
1193. **Garfield: pausa para o almoço** – Jim Davis
1194. **Contos do dia e da noite** – Guy de Maupassant
1195. **O melhor de Hagar 7** – Dik Browne
1196. (29). **Lou Andreas-Salomé** – Dorian Astor
1197. (30). **Pasolini** – René de Ceccatty
1198. **O caso do Hotel Bertram** – Agatha Christie
1199. **Crônicas de motel** – Sam Shepard
1200. **Pequena filosofia da paz interior** – Catherine Rambert
1201. **Os sertões** – Euclides da Cunha
1202. **Treze à mesa** – Agatha Christie
1203. **Bíblia** – John Riches
1204. **Anjos** – David Albert Jones
1205. **As tirinhas do Guri de Uruguaiana 1** – Jair Kobe
1206. **Entre aspas (vol.1)** – Fernando Eichenberg
1207. **Escrita** – Andrew Robinson
1208. **O spleen de Paris: pequenos poemas em prosa** – Charles Baudelaire
1209. **Satíricon** – Petrônio
1210. **O avarento** – Molière
1211. **Queimando na água, afogando-se na chama** – Bukowski
1212. **Miscelânea septuagenária: contos e poemas** – Bukowski
1213. **Que filosofar é aprender a morrer e outros ensaios** – Montaigne
1214. **Da amizade e outros ensaios** – Montaigne
1215. **O medo à espreita e outras histórias** – H.P. Lovecraft
1216. **A obra de arte na era de sua reprodutibilidade técnica** – Walter Benjamin
1217. **Sobre a liberdade** – John Stuart Mill
1218. **O segredo de Chimneys** – Agatha Christie
1219. **Morte na rua Hickory** – Agatha Christie
1220. **Ulisses (Mangá)** – James Joyce
1221. **Ateísmo** – Julian Baggini
1222. **Os melhores contos de Katherine Mansfield** – Katherine Mansfied
1223. (31). **Martin Luther King** – Alain Foix
1224. **Millôr Definitivo: uma antologia de *A Bíblia do Caos*** – Millôr Fernandes
1225. **O Clube das Terças-Feiras e outras histórias** – Agatha Christie
1226. **Por que sou tão sábio** – Nietzsche
1227. **Sobre a mentira** – Platão
1228. **Sobre a leitura *seguido do* Depoimento de Céleste Albaret** – Proust
1229. **O homem do terno marrom** – Agatha Christie
1230. (32). **Jimi Hendrix** – Franck Médioni
1231. **Amor e amizade e outras histórias** – Jane Austen
1232. **Lady Susan, Os Watson e Sanditon** – Jane Austen
1233. **Uma breve história da ciência** – William Bynum
1234. **Macunaíma: o herói sem nenhum caráter** – Mário de Andrade
1235. **A máquina do tempo** – H.G. Wells
1236. **O homem invisível** – H.G. Wells
1237. **Os 36 estratagemas: manual secreto da arte da guerra** – Anônimo
1238. **A mina de ouro e outras histórias** – Agatha Christie
1239. **Pic** – Jack Kerouac
1240. **O habitante da escuridão e outros contos** – H.P. Lovecraft
1241. **O chamado de Cthulhu e outros contos** – H.P. Lovecraft
1242. **O melhor de Meu reino por um cavalo!** – Edição de Ivan Pinheiro Machado
1243. **A guerra dos mundos** – H.G. Wells
1244. **O caso da criada perfeita e outras histórias** – Agatha Christie
1245. **Morte por afogamento e outras histórias** – Agatha Christie

1246. **Assassinato no Comitê Central** – Manuel Vázquez Montalbán
1247. **O papai é pop** – Marcos Piangers
1248. **O papai é pop 2** – Marcos Piangers
1249. **A mamãe é rock** – Ana Cardoso
1250. **Paris boêmia** – Dan Franck
1251. **Paris libertária** – Dan Franck
1252. **Paris ocupada** – Dan Franck
1253. **Uma anedota infame** – Dostoiévski
1254. **O último dia de um condenado** – Victor Hugo
1255. **Nem só de caviar vive o homem** – J.M. Simmel
1256. **Amanhã é outro dia** – J.M. Simmel
1257. **Mulherzinhas** – Louisa May Alcott
1258. **Reforma Protestante** – Peter Marshall
1259. **História econômica global** – Robert C. Allen
1260.(33). **Che Guevara** – Alain Foix
1261. **Câncer** – Nicholas James
1262. **Akhenaton** – Agatha Christie
1263. **Aforismos para a sabedoria de vida** – Arthur Schopenhauer
1264. **Uma história do mundo** – David Coimbra
1265. **Ame e não sofra** – Walter Riso
1266. **Desapegue-se!** – Walter Riso
1267. **Os Sousa: Uma família do barulho** – Mauricio de Sousa
1268. **Nico Demo: O rei da travessura** – Mauricio de Sousa
1269. **Testemunha de acusação e outras peças** – Agatha Christie
1270.(34). **Dostoiévski** – Virgil Tanase
1271. **O melhor de Hagar 8** – Dik Browne
1272. **O melhor de Hagar 9** – Dik Browne
1273. **O melhor de Hagar 10** – Dik e Chris Browne
1274. **Considerações sobre o governo representativo** – John Stuart Mill
1275. **O homem Moisés e a religião monoteísta** – Freud
1276. **Inibição, sintoma e medo** – Freud
1277. **Além do princípio de prazer** – Freud
1278. **O direito de dizer não!** – Walter Riso
1279. **A arte de ser flexível** – Walter Riso
1280. **Casados e descasados** – August Strindberg
1281. **Da Terra à Lua** – Júlio Verne
1282. **Minhas galerias e meus pintores** – Kahnweiler
1283. **A arte do romance** – Virginia Woolf
1284. **Teatro completo v. 1: As aves da noite** *seguido de* **O visitante** – Hilda Hilst
1285. **Teatro completo v. 2: O verdugo** *seguido de* **A morte do patriarca** – Hilda Hilst
1286. **Teatro completo v. 3: O rato no muro** *seguido de* **Auto da barca de Camiri** – Hilda Hilst
1287. **Teatro completo v. 4: A empresa** *seguido de* **O novo sistema** – Hilda Hilst
1289. **Fora de mim** – Martha Medeiros
1290. **Divã** – Martha Medeiros
1291. **Sobre a genealogia da moral: um escrito polêmico** – Nietzsche
1292. **A consciência de Zeno** – Italo Svevo
1293. **Células-tronco** – Jonathan Slack
1294. **O fim do ciúme e outros contos** – Proust
1295. **A jangada** – Júlio Verne
1296. **A ilha do dr. Moreau** – H.G. Wells
1297. **Ninho de fidalgos** – Ivan Turguêniev
1298. **Jane Eyre** – Charlotte Brontë
1299. **Sobre gatos** – Bukowski
1300. **Sobre o amor** – Bukowski
1301. **Escrever para não enlouquecer** – Bukowski
1302. **222 receitas** – J. A. Pinheiro Machado
1303. **Reinações de Narizinho** – Monteiro Lobato
1304. **O Saci** – Monteiro Lobato
1305. **Memórias da Emília** – Monteiro Lobato
1306. **O Picapau Amarelo** – Monteiro Lobato
1307. **A reforma da Natureza** – Monteiro Lobato
1308. **Fábulas** *seguido de* **Histórias diversas** – Monteiro Lobato
1309. **Aventuras de Hans Staden** – Monteiro Lobato
1310. **Peter Pan** – Monteiro Lobato
1311. **Dom Quixote das crianças** – Monteiro Lobato
1312. **O Minotauro** – Monteiro Lobato
1313. **Um quarto só seu** – Virginia Woolf
1314. **Sonetos** – Shakespeare
1315.(35). **Thoreau** – Marie Berthoumieu e Laura El Makki
1316. **Teoria da arte** – Cynthia Freeland
1317. **A arte da prudência** – Baltasar Gracián
1318. **O louco** *seguido de* **Areia e espuma** – Khalil Gibran
1319. **O profeta** *seguido de* **O jardim do profeta** – Khalil Gibran
1320. **Jesus, o Filho do Homem** – Khalil Gibran
1321. **A luta** – Norman Mailer
1322. **Sobre o sofrimento do mundo e outros ensaios** – Schopenhauer
1323. **Epidemiologia** – Rodolfo Saracci
1324. **Japão moderno** – Christopher Goto-Jones
1325. **A arte da meditação** – Matthieu Ricard
1326. **O adversário secreto** – Agatha Christie
1327. **Pollyanna** – Eleanor H. Porter
1328. **Espelhos** – Eduardo Galeano
1329. **A Vênus das peles** – Sacher-Masoch
1330. **O 18 de brumário de Luís Bonaparte** – Karl Marx
1331. **Um jogo para os vivos** – Patricia Highsmith
1332. **A tristeza pode esperar** – J.J. Camargo
1333. **Vinte poemas de amor e uma canção desesperada** – Pablo Neruda
1334. **Judaísmo** – Norman Solomon
1335. **Esquizofrenia** – Christopher Frith & Eve Johnstone
1336. **Seis personagens em busca de um autor** – Luigi Pirandello
1337. **A Fazenda dos Animais** – George Orwell
1338. **1984** – George Orwell
1339. **Ubu Rei** – Alfred Jarry
1340. **Sobre bêbados e bebidas** – Bukowski
1341. **Tempestade para os vivos e para os mortos** – Bukowski
1342. **Complicado** – Natsume Ono
1343. **Sobre o livre-arbítrio** – Schopenhauer
1344. **Uma breve história da literatura** – John Sutherland
1345. **Você fica tão sozinho às vezes que até faz sentido** – Bukowski